Rathjen · Arno Schmidt in Irland

AF544237

Friedhelm Rathjen

Arno Schmidt in Irland

Ein gescheitertes Auswanderungsprojekt im Kontext deutsch-irischer Beziehungen

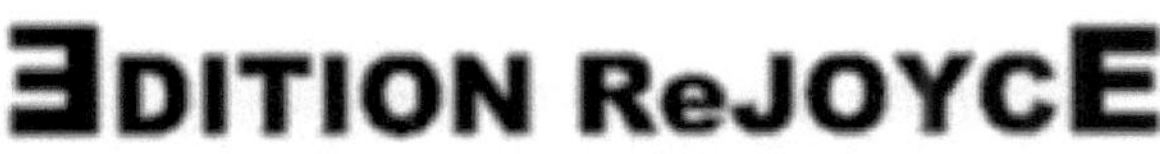

2023

„(‹Hibernia›?: Wenn ich meinen Ptolemäus recht kannte, der alte Name für ‹Irland›: wurde, wer hier eintrat, flugs zum Irländer gemacht? Untersetzt rothaarig lügenhaft märchenmündig versoffen grabsam? (Auch rauflustig noch, richtig).).“

Arno Schmidt, *Die Gelehrtenrepublik*

EDITION ReJOYCE

Bd. 97

Bibliografische Information der Deutschen Bibliothek:

Die Deutsche Bibliothek verzeichnet diese Publikation in der Deutschen Nationalbibliografie; detaillierte bibliografische Daten sind im Internet über <www.dnb.de> abrufbar.

© Alle Rechte liegen beim Autor
EDITION ReJOYCE Südwesthörn 2023
rejoyce@gmx.de
Satz, Titelfoto und Umschlaggestaltung: Friedhelm Rathjen
Herstellung: Books on Demand GmbH, Norderstedt
ISBN 978-3-947261-41-3

Inhalt

Vorbemerkung

Nein, Arno Schmidt war nie in Irland, jedenfalls nicht physisch; und doch war er vielfach und auf vielfältige Weise in Irland, nämlich lesend, schreibend, planend und gedankenspielend. Zwei Phasen gab es, in denen Schmidt darüber nachdachte, nach Irland auszuwandern; die erste Phase (1953-55), zu der ihn nicht zuletzt sein Kollege Ernst Kreuder anstachelte, blieb weitgehend auf der Ebene eines Gedankenspiels, doch in der zweiten Phase (1956/57), betrieben im engen Austausch mit dem Kollegen Heinrich Böll, wäre es um ein Haar zu ernsthaften Taten gekommen. Zwischen beiden Phasen schrieb Arno Schmidt seinen Roman *Das steinerne Herz*, in dem Irland nicht von ungefähr einen kleinen Nebenschauplatz aufmacht.

Damit sind die drei wesentlichen Kulminationspunkte des Interesses Arno Schmidts an Irland benannt; ihnen gilt meine hauptsächliche Aufmerksamkeit in diesem Buch. Um besser zu verstehen, was Schmidt antrieb und worauf er aufbaute, beschäftige ich mich außerdem mit den historischen, zeitgeschichtlichen und auch werkbiographischen Kontexten. Ich gehe der Frage nach, ob eine Kriegsinternierung in Irland, wie Schmidt sie in seinen Roman einbaut, mit der außerliterarischen Realität in Einklang zu bringen ist; ich prüfe Arno Schmidts Berührungen mit Irland vor 1953 sowie die Rolle Irlands in seinem Werk ab 1957; in zwei Exkursen skizziere ich außerdem das deutsche Irland-Bild vor und nach 1945, von dem Arno Schmidts Blick auf die ihm nicht aus eigener Kenntnis vertraute Insel am Nordwestrand Europas nicht unbeeinflußt bleiben konnte.

Zu den von mir für diese Arbeit benutzten Quellen zählen neben gedruckten Texten auch Veröffentlichungen und Webseiten im Internet. Die in den Fußnoten genannten Webadressen habe ich bei Abschluß des Manuskripts noch einmal überprüft und für korrekt befunden; sollten sich einzelne Ressourcen in Zukunft unter den angebenen Adressen nicht mehr auffinden lassen, so sind sie mit einigem Glück unter <http://web.archive.org> archiviert und noch zugreifbar.

Südwesthörn, 25. November 2022 F.R.

Ein Mensch im Elfenkreis

Arno Schmidts Berührungen mit Irland vor 1953

Es ist weitgehend ungewiß, welchen Kenntnisstand über Irland Arno Schmidt bis in die frühen 50er Jahre hinein tatsächlich besaß. Lediglich punktuelle Berührungen mit dem Thema Irland lassen sich nachweisen oder zumindest plausibilisieren. Den Anfang macht eine der frühesten Leseerfahrungen Schmidts – schon „mit 3 Jahren" habe er als sein „erstes selbständiges Leseerlebnis" das „‹Märchenbuch› der AMÉLIE GODIN" kennengelernt[1]. Die seit 1874 in verschiedenen Auflagen und (teils gekürzten) Ausgaben (auch unter dem Autorenkürzel „A. Linz-Godin") verbreitete Märchensammlung enthält vier Texte, die im Inhaltsverzeichnis jeweils als „Irisches Märchen" bezeichnet sind, nämlich „Fingerhütchen", „Die Flasche", „Das rothe Strumpfband" und „Das weiße Kalb". In den ersten beiden dieser Märchen kommen keinerlei explizit irische Elemente vor, in „Das rothe Strumpfband" ist das einzig markant Irische der Nachname „Fitzpatrik". Erkennbar und erinnerbar irisch sind aber mehrere Elemente des vierten Märchens „Das weiße Kalb", das deshalb hier komplett zitiert sei:

> In Irland lebte einmal ein Mann, Namens Lorenz, der verstand die Flöte so schön zu blasen, daß in fünfzehn Kirchsprengeln keiner seines Gleichen war. Wo es immer einen Hochzeitsschmaus, ein Tauffest oder sonst ein munteres Gelage gab, da wurde der Flötenbläser Lorenz dazu herbeigeholt, um mit seinen fröhlichen Melodien die Herzen der Leute zu erfreuen. Auch gab es keinen lustigeren und muthigeren Burschen als ihn; Jeder hatte ihn gern und nahm sich zugleich in Acht, ihn zu erzürnen, denn er hatte so starke Arme und einen so kühnen Muth, daß er es mit einem wüthenden Stier aufgenommen hätte.
>
> Eines Tages wanderte Lorenz mit seiner Flöte nach Tipperary über den Berg einem Hochzeitshause zu, wohin er eingeladen war;

---

1 Arno Schmidt, „Dichter & ihre Gesellen: Jules Verne", in Bargfelder Ausgabe, Bd. III/4 (Zürich: Haffmans 1995), S. 413-425, hier S. 415. – Vgl. auch Arno Schmidt, *Abend mit Goldrand. eine MärchenPosse. 55 Bilder aus der $L^{ä}/_{E}$ndlichkeit für Gönner der VerschreibKunst*, = Bargfelder Ausgabe, Bd. IV/3 (Zürich: Haffmans 1993), S. 48: „Ich besaß, als Junge, ein ›Märchenbuch‹ der Amélie GODIN".

da begegnete ihm ein Pachter, den er wohl kannte, und bei dessen Begrüßung merkte er gleich, daß der Mann sorgevoll war. „Was fehlt Euch, Freund?“ fragte er.

„Ach, mein Junge,“ antwortete der Pachter, „mir fehlt vielerlei! Seit ich den großen Weideplatz hier am Berge gepachtet habe, finde ich bei Tag und Nacht keine Ruhe. Hätte ich vorher gewußt, daß der Grund und Boden dort von Alters her den Elfen gehört, so würde ich mich wohl gehütet haben, mich hier anzusiedeln. Nun verdrießt es das Elfenvolk, daß die Ochsen und Kühe auf ihrem Rasen herumstampfen, und sie thun dem Hirten und der Heerde allen Schabernack an, um sie fortzutreiben. Ihre Königin kommt in allen möglichen Gestalten und schreckt das arme Vieh Nachts aus der Ruhe. Einmal hat sie sich als ein Roß mit Adlerflügeln und Drachenschweif sehen lassen, ein andermal kam sie als ein uraltes Männchen mit einem Ochsenkopf, dann war sie wieder ein großer Affe mit Entenfüßen. Bald schlägt sie ein Rad wie ein Welschhahn, bald brüllt oder blökt sie, wie bis zum heutigen Tage Keiner etwas hat heulen hören. Alle meine Hirten nehmen Reißaus, wenn sie eine Nacht auf der Wiese Wacht gehalten haben, meine Kühe geben keine Milch mehr vor Angst und Schrecken und ich weiß mir meiner Noth kein Ende.“

„Wenn’s weiter nichts ist, so gebt Eurem Herzeleid den Abschied,“ lachte der Flötenbläser. „Wären noch mehr Elfen auf dem Weideplatz, als Kartoffelblüthen im Lande, sie sollten mich nicht verjagen. Da muß man doch ein rechter Hasenfuß sein, wenn man sich vor einem solchen Balg von Gespenst fürchtet und gar lange Beine macht!“

„Rede doch nicht so frech, Lorenz,“ sagte der Pachter und sah sich ängstlich um, „Du weißt nicht, wer zuhört! Willst Du aber Dein Wort wahr machen und eine Woche lang mein Vieh hüten, so soll Deine Hand in meine Schüssel tauchen, bis die Sonne zu einem dünnen Lichtlein herabgebrannt ist.“

Lorenz schlug ein und versprach, noch heut Abend nach beendigtem Hochzeitsschmause auf den Berg zu kommen. Als der Mond hinter dem Felsen hervor kam, stellte er sich richtig beim Pachter ein, der ihm eine Herzstärkung vorsetzte und ein großes Kreuz hinter ihm her schlug, als er zum Weideplatze ging.

Lorenz sah nach dem Vieh, das still und gesättigt auf dem Boden lag, nahm seinen Sitz auf einem großen Stein an der Felswand, mit dem Rücken gegen den Wind, und holte seine Flöte hervor. Er hatte noch nicht lange darauf geblasen, als sich die Stimmen der Elfen hören ließen; sie tönten wie ein leiser Strom von Musik und Lorenz verstand ihre Worte:

„Ein Mensch, ein Mensch im Elfenkreis,
Der Königin geht's zu sagen!
Sie macht ihm bang, sie macht ihm heiß,
Sie wird ihn bald verjagen!“

Mit lautem Gelächter flogen sie davon wie ein Mückenschwarm und bald darauf sah Lorenz zwischen sich und dem Mond eine große schwarze Katze, die auf den Spitzen ihrer Pfoten stand, einen krummen Buckel machte und abwechselnd miaute und schnurrte, daß es klang wie eine Säge. Dann schwoll sie an, bis sie so groß war wie ein Ochse, und wirbelte sich auf ihren Hinterbeinen herum wie ein Brummkreisel. Auf einmal war sie ein ungeheurer Kranich, der ein feuerrothes Halstuch um hatte und auf Pferdefüßen herumstieg, die sie zu den wunderlichsten Sprüngen bewegte.

Lorenz sah sie lachenden Muthes an und sprach: „Gut, mein Schatz, nur immer zu! willst Du tanzen, so will ich pfeifen,“ dabei blies er sein lustigstes Tanzstückchen. Er blies und blies und ließ sich nicht irre machen, obgleich sich die Elfenkönigin alle drei Takte lang in ein anderes fabelhaftes Ungeheuer verwandelte. Auf einmal trabte sie als ein niedliches, schneeweißes Kälbchen auf ihn zu. Es sah aus, als wollte sie mit ihm spielen und ihm schmeicheln; aber Lorenz ließ sich durch ihre List nicht fangen, sondern als sie herankam, steckte er seine Flöte flink in die Tasche und schwang sich mit einem kühnen Sprung unversehens auf den Rücken des weißen Kalbes.

Da machte sie einen Satz über die ganze Wiese hinweg und über den Fluß Shannon, flog in einer einzigen Sekunde drei Stunden weit auf einen einsamen Damm, schlug dort hinten und vorne zugleich aus und warf Lorenz auf den weichen Rasen. Aber wie er da lag, sah er ihr gerade in's Gesicht, strich sich die Haare zurück und rief: „Wahrhaftig, gut gemacht! Das war kein schlechter Sprung für ein Kalb!“ – Da fuhr ihm das Kalb mit einem Ruck zwischen die Beine und machte einen zweiten Sprung mit ihm zurück auf den Weideplatz, wo es wieder hinten und vorne ausschlug und ihn abwarf. Lorenz strich sich die Haare glatt, setzte sich ganz gemüthlich auf den vorigen Stein und zog die Flöte aus der Tasche, damit blies er dann dem Kalbe gerade in's Gesicht.

Da verwandelte sich die Elfenkönigin in ihre natürliche Gestalt, die gar lieblich und schön war, und sprach: „Lorenz, Du bist ein tüchtiger Bursche, Dir zu Liebe will ich fortan die Heerden ungestört hier weiden lassen.“ Darauf verschwand sie und der Flötenbläser wickelte sich in seinen Mantel, sah noch einmal nach dem Mond und schlief dann mit all' seinem Vieh bis es Tag war.

Die Elfenkönigin hielt Wort und zeigte sich nicht mehr auf der Bergwiese von Tipperary, so lange Lorenz lebte. Er blieb beim Pachter, blies seine Flöte Tags über bei allen Lustbarkeiten und schlief des Nachts in Ruhe bei der Heerde, im Winter aber ruhte er sich hinter des Pachters Ofen aus, bis er starb und im grünen Thale von Tipperary begraben wurde.[2]

Ich möchte der Versuchung widerstehen, aus diesem Arno Schmidt vermutlich in frühesten Jahren bekannten Märchen sogleich eine Vorprägung für spätere Schmidtsche Lieblingsthemen wie den Mond oder den Umgang von Menschen mit Elementargeistern herauszulesen, doch festzuhalten bleibt immerhin, daß der kleine Arno gleich im ersten Satz den Leitbegriff „Irland“ kennenlernt und im weiteren Text dann auch noch dem River Shannon begegnet, der für die Beschäftigung des erwachsenen Arno Schmidt mit Irland in den 50er Jahren wichtig werden wird.

Nachdem Schmidt eingeschult wird, erlernt er seine erste Fremdsprache, das Englische. Aus dem im zweiten und dritten Lehrjahr verwendeten Lehrbuch bleibt Schmidt zumindest ein Lesestück über Robin Hood so präsent, daß er die darin abgedruckten Grabverse („Here lies the famous Robin Hood, / Ne'er archer was as he so good; / Such outlaws as he and his men / Will England never see again“[3]) Jahrzehnte später in seinem Roman *Aus dem Leben eines Fauns* variiert („unsre Leibwache, wie dereinst in Sher-

---

2 „Das weiße Kalb“, in *Märchenbuch* von A. Godin, mit 124 Holzschnitten und 1 Titelbild in Farbendruck nach Originalzeichnungen von Leopold Venus, Holzschnitt von Professor Hugo Bürkner (Glogau: Flemming 1874), S. 306-309.

3 Kurt Lincke, *Lehrbuch der englischen Sprache für höhere Lehranstalten*, Ausgabe B, Zweiter Teil: Zweites und drittes Schuljahr (Frankfurt a.M.: Diesterweg [9]1920), S. 25; diese Verszeilen auch in Friedhelm Rathjen (Hg.), *Music at Night. Arno Schmidt's Garden of Verses* (Scheeßel: Edition ReJoyce 2004), S. 9.

wood Forest: »Such outlaws as he and his Kate«"[4]). Ein anderes Lesestück des Lehrbuchs, „The British Isles", vermittelt Schmidt erstes Basiswissen über die irische Insel:

> *Ireland* ist chiefly an agricultural country. The climate is moister than that of England, which gives a greater freshness and brightness of colour to the general vegetation. This is the reason why Ireland has obtained her name of the "Emerald Isle". Dublin is the capital of the island, but Belfast is the principal seat of manufacture. Both the Highlands of Scotland and the Lake Country of Ireland have, with their simple beauty, inspired many poets with enthusiasm, and are to the present day, in summer and autumn, the resort of travelers and pleasure-seekers from all parts of Europe.[5]

Das ist nicht viel, aber immerhin ein Anfang, und es kann jedenfalls nicht von Nachteil sein, daß hier landschaftliche Aspekte schon einmal mit dichterischer Inspiration in Verbindung gebracht werden.

Wichtigste englische Lektüre wird für Schmidt im weiteren Fortgang seines Schulbesuchs – nach dem Wechsel von Hamburg nach Görlitz – die von Philipp Aronstein herausgegebene Gedichtanthologie *Selections from English Poetry*, in der sich auch Texte zweier irischer Autoren finden, auf die sich Schmidt in seinem späteren Werk beziehen wird. Einer der beiden, der zur Volkstümlichkeit neigende Thomas Moore, wird für Schmidt allerdings erst in *Zettel's Traum* wichtig (als Zeitgenosse und Berufskollege von Edgar Allan Poe), zuvor scheint er für ihn nicht von Interesse gewesen zu sein. Eher umgekehrt steht es um den neoromantischen Modernisten William Butler Yeats, dessen recht bekanntes Gedicht „The Lake Isle of Innisfree" sich Schmidt in seinem Exemplar der Aronstein-Anthologie anstreicht und nach der Schulzeit zumindest ausschnittweise im Kopf behält, wie spätere Bezugnahmen belegen:

---

4 Arno Schmidt, *Aus dem Leben eines Fauns*, in Bargfelder Ausgabe, Bd. I/1 (Zürich: Haffmans 1987), S. 299-390, hier S. 385. Nachgewiesen erstmals bei Dieter Kuhn, „Weitere Erläuterungen zu Arno Schmidts Roman ‚Aus dem Leben eines Fauns'", in *Bargfelder Bote* Lfg. 164-165 (April 1992), S. 3-29, hier S. 28 f.

5 Lincke, *Lehrbuch der englischen Sprache für höhere Lehranstalten*, a.a.O., S. 54 f.

I will arise and go now, and go to Innisfree,
And a small cabin build there, of clay and wattles made;
Nine bean rows will I have there, a hive for the honey bee,
And live alone in the bee-loud glade.

And I shall have some peace there, for peace comes dropping slow,
Dropping from the veils of the morning to where the cricket sings;
There midnight's all a glimmer and noon a purple glow,
And evening full of the linnet's wings.

I will arise and go now, for always night and day
I hear lake water lapping with low sounds by the shore;
While I stand on the roadway, or on the pavements gray,
I hear it in the deep heart's core.[6]

Yeats hat sein Gedicht in Erinnerung an seinen Jugendtraum geschrieben, „Thoreau nachzueifern und auf Innisfree zu leben"[7], es also dem Amerikaner Henry David Thoreau gleichzutun, der eine Weile weitgehend autark in einer Hütte im Wald lebte und darüber später sein Buch *Walden* schrieb. Bei Arno Schmidt gibt es das Gedankenspiel vom Hüttenbau im Wald zumindest in den Jahren nach dem Zweiten Weltkrieg, wie einschlägige Passagen in den Kurzromanen „Schwarze Spiegel" und *Aus dem Leben eines Fauns* zeigen; Anfang 1952 nennt Schmidt zudem einem *Spiegel*-Reporter als einen seiner vier noch unerfüllten Wünsche „ein Blockhaus in Patagonien"[8], was den Hüttenbautraum mit dem Gedankenspiel einer Auswanderung

---

6 William Butler Yeats, „The Lake Isle of Innisfree", in Ph[ilipp] Aronstein (Hg.), *Selections from English Poetry. Auswahl englischer Dichtungen*, 22.-75. Tausend (Bielefeld: Velhagen & Klasing 1922), S. 255; auch in Rathjen (Hg.), *Music at Night*, a.a.O., S. 135.

7 William Butler Yeats, *Autobiographien*, üb. v. Susanne Schaub, hg. v. Wolfgang Wicht (Leipzig: Insel 1984), S. 142. – Vgl. auch ebd., S. 69: „Mein Vater hatte mir eine Stelle aus ‚Walden' vorgelesen, und ich nahm mir vor, dereinst in einer Hütte auf einer Insel namens Innisfree zu wohnen. [...] Ich beschloß, nur der Suche nach Weisheit zu leben wie Thoreau, wenn ich einmal die Fleischeslust überwunden und mir Frauen und Liebe aus dem Kopf geschlagen hätte."

8 [Gert Bracht], „Mensch nach der Katastrophe", in Hans-Michael Bock (Hg.), *Über Arno Schmidt. Rezensionen vom „Leviathan" bis zur „Julia"* (Zürich: Haffmans 1984), S. 21-24, hier S. 24 (zuerst in *Der Spiegel* 6 (6. Februar 1952)).

verknüpft. Dafür, daß solche Gedanken Schmidt schon in jüngeren Jahren beschäftigen und womöglich mit dem Blick auf Irland und/oder das Gedicht von Yeats verknüpft sind, gibt es allerdings keinerlei Indizien.

Sonstige irische Literatur scheint Arno Schmidt vor 1945 nicht gelesen zu haben – vielleicht mit einer einzigen Ausnahme, nämlich Jonathan Swift, den Schmidt späterhin in einer Liste von Autoren nennt, die er „mit 15" oder kurz darauf gelesen haben will[9]; mit hoher Wahrscheinlichkeit hat es sich dabei um *Gulliver's Travels* gehandelt, wobei aber völlig ungewiß ist, in welcher Sprache oder gar welcher Ausgabe Schmidt den irischen Satiriker kennengelernt hat. In Schmidts Nachlaßbibliothek steht lediglich eine um 1800 gedruckte englische Ausgabe, die Schmidt im Oktober 1951 aus einer Mainzer Bibliothek entwendet hat[10]; nicht häufig, aber durchgängig und konsistent bringt Schmidt in seinem Werk ab 1950 seine Hochschätzung Swifts zum Ausdruck. Damit bleibt offen, ob Schmidt tatsächlich schon in jüngeren Jahren hinreichend mit dem Werk Swifts vertraut ist, um den Autor als Iren wahrzunehmen.

Nachweislich spätestens in den frühen 40er Jahren gelesen und sehr geschätzt hat Schmidt hingegen den *Tristram Shandy* und möglicherweise noch weitere Texte von Laurence Sterne, und zwar allem Anschein nach in englischer Sprache. 1942 nimmt Schmidt in „Die Fremden" Bezug auf „die 5. Auflage des Tristram Shandy" und einen darin zu findenden Druckfehler, der „Thel east hint" an die Stelle des korrekten „The least hint" setzt.[11] Sterne wurde 1713 als Sohn eines vorübergehend dort stationierten Soldaten in Clonmel in der irischen Grafschaft Tipperary geboren und hat seine frühesten Kindheitsjahre in Irland verbracht, dennoch gilt er als durch und durch englischer Schriftsteller, auch wenn es gelegentlich Versuche gibt, eine irische Anspielungsschicht in seinem Werk ausfindig zu machen[12]. Selbst wenn es solche Anspielungen gibt, wären sie einem mit diffizilen

---

9 Arno Schmidt, „Begegnung mit Fouqué", in Bargfelder Ausgabe, Bd. III/3 (Zürich: Haffmans 1995), S. 421-428, hier S. 421.

10 Vgl. Dieter Gätjens, *Die Bibliothek Arno Schmidts. Ein kommentiertes Verzeichnis seiner Bücher*, neue Ausgabe, durchgesehen und erweitert von Günter Jürgensmeier (Bargfeld: Arno Schmidt Stiftung 2003), <www.arno-schmidt-stiftung.de/Archiv/Bibliotheksverzeichnis.html>, Nr. 593.

11 Arno Schmidt, „Die Fremden", in Bargfelder Ausgabe, Bd. I/4 (Zürich: Haffmans 1988), S. 497-575, hier S. 511.

12 Vgl. etwa David Clare, „The Irish References in Sterne's *Tristram Shandy*", in *The Irish Review* 52.1 (Sommer 2016), S. 15-26.

irischen Zusammenhängen nicht vertrauten Arno Schmidt allerdings kaum aufgefallen. Immerhin ist festzuhalten, daß Schmidt als Leser des *Tristram Shandy* zumindest den Namen der irischen Stadt Limerick kennt, erzählen doch zwei Hauptfiguren des ausufernden Romans, nämlich die Kriegsveteranen Onkel Toby und Corporal Trim, gern ausführlich von ihren Kriegserlebnissen, zu denen die Belagerung von Limerick gehört.

Wenn Schmidt vor 1945 kaum irische Literatur kennt, so spricht dies naturgemäß noch nicht gegen allgemeine landeskundliche Kenntnisse, die er sich etwa aus Sachbüchern angeeignet haben könnte. Schmidt besitzt und liest in den 30er Jahren eine ganze Reihe von meist historischen Reisebeschreibungen über die Länder des Mittelmeerraums und Asiens, auch Berichte von Polarexpeditionen, doch gibt es keinerlei Hinweis auf die Kenntnisnahme entsprechender Publikationen über die Britischen Inseln. Darstellungen über irische Geschichte finden sich in *Ullsteins Weltgeschichte*, einem mehrbändigen Werk, das Schmidt dem Vorsatzeintrag zufolge schon seit 1928 besitzt[13], doch muß ungewiß bleiben, ob Schmidt diese Passagen wahrnimmt – in historischer Perspektive interessiert ihn in dieser Zeit vornehmlich die Antike, außerdem (auch später) die Zeit der Französischen Revolution.

In Schmidts spätem Dialogroman *Abend mit Goldrand* führt die partiell autobiographisch unterfütterte Figur Olmers unter ihren historischen Lieblingsthemen in der Görlitzer Schulzeit Oliver Cromwell auf[14]; Schmidt selbst hat verschiedentlich ein Interesse an Cromwell geäußert (und in seinen Texten durch vielerlei Anspielungen unterstrichen), das schon in die Jugend zurückzureichen scheint. In den frühen und mittleren 30er Jahren erschien eine ganze Reihe von Büchern über Cromwell[15], von denen

---

13 Vgl. Gätjens / Jürgensmeier, *Die Bibliothek Arno Schmidts*, a.a.O., Nr. 823.

14 Vgl. Schmidt, *Abend mit Goldrand*, a.a.O., S. 153.

15 Vgl. Wolfgang Michael, *Cromwell*, 2 Bd. (Berlin: Hofmann 1907; Neuauflage Wittenberg: Ziemsen o.J. (ca. 1930)); Heinrich Bauer, *Oliver Cromwell. Ein Kampf um Freiheit und Diktatur. Der Roman eines Revolutionärs und Diktators* (München: Oldenbourg 1932); Mirko Jelusich, *Cromwell*, Roman (Wien und Leipzig: Speidel 1933); Johannes Tralow, *Gewalt aus der Erde. Ein Cromwell-Roman* (Berlin: Universitas 1933); Hermann Oncken, *Cromwell. Vier Essays über die Führung einer Nation* (Berlin: Grote 1935); Leopold von Ranke, *Oliver Cromwell und seine Zeit* (Berlin: Die Heimbücherei

Schmidt das eine oder andere gelesen und/oder besessen haben könnte, ohne daß es über die bloße Vermutung hinaus dafür bislang Indizien gibt. Cromwell hat ab 1649 verheerende Feldzüge in Irland unternommen, bei denen es zu Zerstörungen ganzer Städte, Massakern an der Zivilbevölkerung und anderen Bestialitäten kam, weswegen Cromwell bis heute in Irland verhaßt ist wie kaum eine andere historische Figur. Da wir nicht wissen, wie tief Schmidts Beschäftigung mit Cromwell reicht und auf welche Quellen sie sich stützt, muß offenbleiben, ob dabei auch der Themenkomplex Irland eine Rolle spielt.

In den Texten, die Arno Schmidt vor 1945 schreibt, kommt Irland nur ein einziges Mal auf recht kryptische Weise vor, nämlich in dem Erzählfragment „Die Insel" von 1937, wo die zu Besuch nach Friedland kommende weibliche Hauptfigur „gräfin alice" als „junge nichte der alten lady guilford"[16] eingeführt wird, über deren verwandtschaftliche Beziehungen zum Grafen von Friedland es heißt: „Irgend einer seiner vorfahren, habe eine tochter des irischen Lord Guilford geheiratet und jetzt sei eine alte Lady mit ihrer jungen nichte zu einem längeren aufenthalte in schloss friedland eingetroffen."[17] Trotz dieser Erwähnung des „irischen Lord Guilford" handelt es sich bei den Besuchern um „englische verwandschaft"[18]; der Verweis aufs Irische spielt im weiteren Verlauf des Textes keine Rolle, und es ist auch kein plausibler historischer oder literarischer Hintergrund erkennbar, auf den sich Schmidt hier beziehen könnte. Den Namen „Lord Guilford" kennt Schmidt natürlich aus dem Schauspiel *Lady Johanna Gray* des von ihm sehr geschätzten Christoph Martin Wieland, doch gibt es dort nicht die Spur eines Konnexes zu Irland.

Irischen Figuren wird Arno Schmidt unweigerlich in seinen Lektüren nichtirischer, insbesondere englischer und amerikanischer Autoren begegnet sein, wobei es sich in der Regel um die klischeehaft übersteigerte, zwischen scherzhafter Satire und plumper Denunziation changierende Gestalt des ‚Stage Irishman' gehandelt haben dürfte. Solche Figuren tauchen gelegentlich im Werk des von Schmidt früh geschätzten Rudyard Kipling auf, etwa in dem Gedicht „Belts" des in Schmidts Nachlaßbibliothek vorhandenen

---

1936); John Drinkwater, *Oliver Cromwell*, A Play, hg. v. Wilhelm Claasen (Bielefeld: Velhagen & Klasing 1937).

16 Arno Schmidt, „Die Insel", in Bargfelder Ausgabe, Bd. I/4, a.a.O., S. 185-237, hier S. 205.

17 Ebd., S. 204 f.

18 Ebd., S. 204.

Lyrikbandes *Barrack-Room Ballads and Other Verses*[19]. Etwas weniger herablassend gezeichnet werden irische Figuren im Romanwerk von James Fenimore Cooper, in das sich Schmidt in den unmittelbaren Nachkriegsjahren umfassend vertieft; so findet er in dem Cooper-Roman *Wyandotte* einen Iren, auf den er dann in seinem Kurzroman „Schwarze Spiegel" anspielt: „Deshalb schuf ich zum Schluß noch einen Shillelah, um den mich Mike O'Hearn beneidet hätte."[20] (Ein Shillelagh ist ein meist aus Schwarzdornholz gefertigter knotiger Schlagknüppel, ursprünglich von irischen Fischern, später von Banden irischer Einwanderer in Nordamerika verwendet und heute vornehmlich als rustikales Souvenir verkauft; Schmidt übernimmt das Gerät und die abweichende Schreibung aus dem genannten Cooper-Roman.) In seinem allerdings erst 1961 verfaßten „Nachwort zu Coopers »Conanchet«" lobt Schmidt die Charakterzeichnung von „Coopers ‹einfachen Leuten› [...]. Da überzeugen auf Anhieb die derben irischen Wirtinnen und Erdarbeiter"[21]. Dieser Lobeswortlaut läßt leider offen, ob Schmidt an Coopers Figuren die Vermeidung oder vielleicht doch eher die geschickte Bedienung von Klischees zusagt. Später, in Joyce-Zusammenhängen, wird Schmidt „jene groteske Mark=Twain=Sorte" von Witzen loben, „die ‹Paddy› und seine ‹Bulls› schon bei ETA HOFFMANN auszeichnet."[22]

Nicht nur in englischer und amerikanischer Literatur also gibt es irische Elemente, sondern gelegentlich auch in deutscher, selbst bei Schmidts Liebling, dem Ritterromantiker Fouqué, hier vor allem in jenen Büchern, die altnordische Stoffe verarbeiten oder imitieren. In seiner ab Dezember 1951 nach langer Recherche- und Vorbereitungszeit niedergeschriebenen Biographie *Fouqué und einige seiner Zeitgenossen* findet Schmidt Lobesworte für Fouqués 1824 entstandene *Sage von dem Gunlaugur, genannt Drachenzunge und Rafn dem Skalden. Eine Islandskunde des eilften Jahrhunderts*:

---

19 Vgl. Gätjens / Jürgensmeier, *Die Bibliothek Arno Schmidts*, a.a.O., Nr. 553.

20 Arno Schmidt, „Schwarze Spiegel", in Bargfelder Ausgabe, Bd. I/1, a.a.O., S. 199-260, hier S. 228.

21 Arno Schmidt, „Nachwort zu Coopers »Conanchet«", in Bargfelder Ausgabe, Bd. III/4, a.a.O., S. 130-169, hier S. 205.

22 Arno Schmidt, „Der Triton mit dem Sonnenschirm. (Überlegungen zu einer Lesbarmachung von FINNEGANS WAKE von James Joyce.)", in Bargfelder Ausgabe, Bd. II/3 (Zürich: Haffmans 1991), S. 31-69, hier S. 54.

> Auch schöne und ergreifende Bilder – originell erfunden – fehlen nicht: man lese die Episode des alten unberühmten irischen Königs Sygtriggur Seidenbart. Eben weil die Erzählung so kunstlos und hart geraten ist, nimmt sie durchaus eine Sonderstellung in Fouqués Schaffen ein, und Keiner, der ihn »von allen Seiten« kennen lernen will, darf an ihr vorbeigehen.[23]

Daß Schmidt folglich bei Fouqué etwas von einem irischen König zu lesen bekommt, heißt allerdings keineswegs, daß sich ihm auf diese Weise ein auch nur annähernd zutreffendes Bild von Irland vermittelt, denn Fouqués Vorstellung von Irland ist natürlich eine reine Phantasievorstellung, zudem sind in der *Sage von dem Gunlaugur* nur einige wenige Szenen an der Ostküste Irlands (im Umkreis Dublins) angesiedelt und geben zudem weder topographisch noch atmosphärisch etwas her, sondern sind angelehnt an den straffen und schnörkellosen Erzählduktus mittelalterlicher isländischer Sagas. Immerhin aktiviert Fouqués *Gunlaugur* das überlieferte Klischee von Irland als Traum- und Wunderinsel, denn das erste der dort angesiedelten Kapitel endet, nachdem mehr oder weniger poetische Lieder gesungen worden sind, mit den Worten:

> wie besiegt von träumerischer Zaubergewalt nahm Gunlaugur auf des Königs ernsten Wink seinen Platz gegen ihm über, und dachte heimlich in sich: „Wenn nur der alte Seidenbart kein Hexenmeister ist, mich selbstbannend zu einem ruhm= und thatenlosen Träumen in seinen wunderlichen Irlands=Hallen!“[24]

Festzuhalten bleibt dennoch, daß bei der langjährigen und intensiven Beschäftigung Schmidts mit seinem Liebling Fouqué mehr als einmal eine Detailverbindung nach Irland weist. So weiß Schmidt von Fouqués Urgroßmutter Suzanne de Robillard de Champagné, deren Flüchtlings- und Exilschicksal ihn so bewegt, daß er sich in seinem Nachkriegsroman *Brand's Haide* ausführlich darauf bezieht, zu berichten:

---

23 Arno Schmidt, *Fouqué und einige seiner Zeitgenossen. Biographischer Versuch*, = Bargfelder Ausgabe, Bd. III/1 (Zürich: Haffmans 1993), S. 485 f.

24 *Die Saga von dem Gunlaugur, genannt Drachenzunge und Rafn dem Skalden. Eine Islandskunde des eilften Jahrhunderts*, In drey Büchern wiedererzählt von F. M. Fouqué, Zweyter Theil (Wien: Pichler 1826), 2. Buch, S. 105 (Ende von Kap. 14).

> Suzannes Vater, Josias de Robillard, war 1690 in englischen Diensten in Irland gefallen, ihr ältester Bruder diente in jenem Heere. Noch am 3. 5. 1768 wird in einem Briefwechsel dessen Sohn, ein »Cousin d'Irlande« als lebend erwähnt, und von den Zinsen gemeinsamer deutscher und englischer Kapitalien mit dem General gehandelt.[25]

Vom Bruder eines weiteren Vorfahren Fouqués erfahren wir bei der Lektüre von Schmidts erschöpfender Biographie:

> Er nimmt nun zwar seine Wohnung in Celle, hält jedoch weiter Verbindung mit den früheren Gönnern, den Herzögen von Braunschweig; zumal aber mit dem Bruder des Preußenkönigs, dem Prinzen Heinrich und dessen Kreis, wird sogar Kammerherr bei ihm, und reist alljährlich zu dieser frondierenden Gruppe. Zeitlebens bleibt er voll Unrast; noch 1764 schlägt er dem Bruder vor, nach Irland auszuwandern; aber der, schon gebrechlich und greis, lehnt still ab. –"[26]

Hier hätte Schmidt in Fouqués früher Familiengeschichte also sogar schon ein Vorbild für den Einfall einer Auswanderung nach Irland gefunden.

Aber als Vorbild für Schmidt taugt weder Fouqué noch dessen Familiengeschichte; vielmehr distanziert sich Schmidt vielfach von Fouqués

> schon wahrhaft antediluvial anmutenden Ansichten [...]. So, [...] wenn er – völlig unkundig der grausigen Unterdrückung der Iren durch England, die noch heute Jedem der davon liest, die Fäuste ballen macht – von dem zur Verzweiflung gefolterten Volke verlangt: »Jetzt zum Gehorsam erst / wend, Irland sich... Doch nichts erzwingen darf die Rebellion!«[27]

---

25 Schmidt, *Fouqué und einige seiner Zeitgenossen*, a.a.O., S. 17 f. – Internetrecherchen zufolge lebten die Nachfahren jenes Josias de Robillard in Portarlington im Queen's County (der heutigen Grafschaft Laois) im Osten Irlands; ein engerer geographischer Zusammenhang mit den von Arno Schmidt für seine Auswanderungspläne und/oder die irischen Schauplätze des Romans *Das steinerne Herz* bevorzugten Gegenden besteht somit nicht.

26 Ebd., S. 19.

27 Ebd., S. 545.

Daraus ist immerhin abzuleiten, daß Schmidt zum Zeitpunkt der Niederschrift seiner Fouqué-Biographie mit dem Kolonialschicksal Irlands unter englischem Joch zumindest in den Grundzügen vertraut ist. Woher und auf welcher Basis Schmidt diese Kenntnis gewonnen hat, ist nicht hinreichend zu klären. Anzunehmen ist, daß er über das Allgemeinwissen seiner Zeit und vielleicht auch früherer Zeiten in Deutschland zum Thema Irland verfügte. Bevor ich mich konkret mit Schmidts Plänen einer möglichen Auswanderung nach Irland beschäftige, möchte ich deshalb einen zweistufigen Überblick über die Entwicklung des deutschen Bildes von Irland einschalten.

„Irrländer“

Das deutsche Irland-Bild bis 1945

Aus dem Nebel frühgeschichtlicher Unwissenheit taucht Irland bei Autoren wie Strabo, Diodorus Siculus und Solinus nur sehr punktuell als von wilden Barbaren bewohnte Insel weit am Rande der bekannten Welt auf; dieses Bild eines von barbarischen Ureinwohnern bevölkerten Landes verfestigt der Waliser Giraldus Cambrensis mit seinen 1188 erschienenen Werken *Topographica Hibernica* und *Expugnatio Hibernica* ohne nennenswerte Abstriche, wiewohl er im Gegensatz zu den genannten antiken Autoren das beschriebene Land tatsächlich selbst bereist hat. Als Gegengewicht zu diesem sehr herablassenden und negativen Bild des Landes entsteht etwa im 7. Jahrhundert die Vorstellung von einem Land der Heiligen und Weisen, genährt vor allem von den Mönchen und Missionaren irischer Herkunft, die in dieser Zeit in vielen Teilen Europas – auch im deutschen Sprachraum – Klöster gründen und die christliche Gelehrsamheit befördern. Dieser zwiegeteilte Blick auf Irland – einerseits Verachtung unterentwickelter Zustände, andererseits Hochschätzung eines besonderen geistigen, künstlerischen oder auch phantastischen Potentials – wirkt bis heute nach, wobei als Synthese beider Extreme auch die Vorstellung, bei den Iren handele es sich um sprichwörtliche ‚edle Wilde‘, sich zeitweiliger Beliebtheit erfreut. In mittelalterlichen Dichtungen wie dem *Erec* (ca. 1180/90) des Hartmann von Aue oder dem *Tristan* (ca. 1210) des Gottfried von Straßburg finden sich Verweise auf Irland als Insel von Wundern und Rätselhaftigkeiten. In der Tradition solcher Vorstellungen von einer Zauberwelt am Rande der bekannten Zivilisation stehen auch noch punktuelle Erwähnungen Irlands im Volksbuch vom *Fortunatus* (1509) und in Grimmelshausens *Simplicissimus Teutsch* (1668/69).[1]

All diese versprengten Erwähnungen haben aber noch nichts mit einem wie auch immer gearteten Interesse an Irland zu tun, sondern entspringen ganz im Gegenteil eher einem generellen Desinteresse und natürlich dem fast vollständigen Unwissen. Katalysator des ersten ernsthaften Interesses an Irland fast überall in Europa und gerade auch in Deutschland ist die

---

[1] Vgl. den Überblick über frühe Bezugnahmen in Doris Dohmen, *Das deutsche Irlandbild. Imagologische Untersuchungen zur Darstellung Irlands und der Iren in der deutschsprachigen Literatur* (Amsterdam: Rodopi 1994), S. 18-26.

Begeisterung, die sich an *The Works of Ossian* entzündet, vorgelegt vom Schotten James Macpherson in den Jahren 1760 bis 1765. Diese angeblichen gälischen Heldendichtungen werden rasch auf dem ganzen Kontinent zum Bestseller und finden auch in der deutschen Literatur beträchtlichen Widerhall. In seinem am 9. März 1955 (in der ersten heißen Phase seiner Irland-Auswanderungspläne) geschriebenen Feuilleton „Verdienstvolle Fälschung“ hat Arno Schmidt Wesen und Wirkung dieser Dichtung plastisch, wenn auch nicht sehr präzis zu beschreiben versucht:

> Die grandioseste literarische Mystifikation aller Zeiten jedoch wird durch den Namen »Ossian« bezeichnet. Ungeheuer war die Wirkung, als James Macpherson nach 1760 die »Reste alter Dichtung« erscheinen ließ, »Fingal« und »Temora«; man lese im goetheschen »Werther« über dieses Ossianfieber nach oder bei Herder. Aber sogleich erhoben sich gewichtigste Stimmen nach der »Echtheit« der Fragmente (und man verurteile die Amusischen in diesem Falle nicht allzuhart: ging es doch um die Erinnerungen eines ganzen Volkes; ein Buch wie Homer war dem Keltenstamm erstanden!). Wohl erschienen 40 Jahre später die angeblichen gaelischen Urtexte, die »Dana Oisein mhic Finn«; aber die konnten ebensogut inzwischen von einem Patrioten umgekehrt aus dem Englischen ins Erse übersetzt worden sein. Noch heute ist der Streit nicht endgültig entschieden; zumal Macphersons eigene Gedichte die zopfigste Wasserpoesie enthalten, so daß er völlig unfähig zur Erfindung eines solchen wahrhaft wundersamen Stoffkomplexes erscheint. Jedenfalls ist eine ganze eigene Literatur von tausenden von Bänden um dieses eine große Buch entstanden; und selbst wenn es »gefälscht« sein sollte, hat es zur Erforschung keltischer Sprache und Urzeit mehr Veranlassung gegeben, als die ehrbarste »wissenschaftliche Leistung« es vermocht hätte.[2]

Tatsächlich hat Macpherson den Kernbestand der von ihm angeblich nur aufgefundenen, in Wahrheit selbstgeschriebenen ossianischen Gesänge vornehmlich irischen Sagenstoffen entnommen, und deshalb tut Schmidt recht daran, Macphersons *Ossian* habituell nicht mit schottischen, sondern mit irischen Szenerien zu verknüpfen, beispielsweise in der Definition der seinem romantischen Lieblingsschriftsteller Friedrich de la Motte-Fouqué

---

2 Arno Schmidt, „Verdienstvolle Fälschung“, in Bargfelder Ausgabe, Bd. III/3 (Zürich: Haffmans 1995), S. 204-206, hier S. 205 f.

zugänglichen Welt: „Nach Westen schließt das Irland pflanzengrüner Elfenmärchen, und eine ossianische Nebelwelt."[3] Auf dem Höhepunkt seiner Auswanderungsbemühungen beschreibt Schmidt Irland mit den Worten: „Nebel, Moore, Wiesen, Wind, Haide, nischt wie Ossian und Joyce"[4].

Die Verbindung der eigentlich schottischen Literaturleistung der *Works of Ossian* mit Irland wird nicht erst von Schmidt hergestellt, sondern schon von Macphersons Zeitgenossen, und so lenkt die *Ossian*-Begeisterung des späten 18. Jahrhunderts, die im deutschen Sprachraum vornehmlich Goethe und Herder, später auch Tieck und viele andere, außerdem natürlich Schmidts Liebling Fouqué ergreift, die Aufmerksamkeit der literaturinteressierten Öffentlichkeit auf die Insel im äußersten Westen Europas und ihr poetisches Potential an Sagen- und Legendenstoffen. Der vorherrschende Gestus dabei ist derjenige der präromantischen Schwärmerei, wie schon aus der Initialstelle in Goethes *Werther* hervorgeht:

> Ossian hat in meinem Herzen den Homer verdrängt. Welch eine Welt, in die der Herrliche mich führt. Zu wandern über die Haide, umsaußt vom Sturmwinde, der in dampfenden Nebeln, die Geister der Väter im dämmernden Lichte des Mondes hinführt. Zu hören vom Gebürge her, im Gebrülle des Waldstroms, halb verwehtes Aechzen der Geister aus ihren Hölen und die Wehklagen des zu Tode gejammerten Mädgens, um die vier moosbedekten, grasbewachsnen Steine des edelgefallnen ihres Geliebten. Wenn ich ihn denn finde, den wandelnden grauen Barden, der auf der weiten

---

3 Arno Schmidt, „Anachronismus als Vollendung. (Zum Gedächtnis an Friedrich de la Motte-Fouqué)", in Bargfelder Ausgabe, Bd. II/1 (Zürich: Haffmans 1990), S. 153-174, hier S. 164. Vgl. auch die spätere Modifikation dieser Formulierung in Arno Schmidt, „Begegnung mit Fouqué", in Bargfelder Ausgabe, Bd. III/3, a.a.O., S. 421-428, hier S. 426: „Nach Westen schließt das Irland elfengrüner Pflanzenmärchen; und eine Ossianische Nebelwelt."

4 Arno Schmidt, *Der Briefwechsel mit Alfred Andersch. Mit einigen Briefen von und an Gisela Andersch, Hans Magnus Enzensberger, Helmut Heißenbüttel und Alice Schmidt*, hg. v. Bernd Rauschenbach (Zürich: Haffmans 1985), S. 104 (Brief Nr. 113 vom 15. Dezember 1956).

> Haide die Fustapfen seiner Väter sucht und ach! ihre Grabsteine findet.[5]

Schmidt schätzt zwar Goethe allgemein nicht, wohl aber „den mitreißenden Werther“[6], seit dessen Lektüre (vermutlich schon in der Jugendzeit) er also einen wuchtigen Eindruck von den ossianischen Dichtungen hat.

Goethe hegt allerdings trotz seiner Begeisterung für den *Ossian* keine Sympathien für Irland, sondern steht ganz auf der Seite Englands, durch dessen Brille er (wie auch manch andere Sachunkundige dieser Zeit in Deutschland) die ferne Nachbarinsel sieht – zum Teil entspringt diese Parteinahme auch einem antikatholischen Reflex.[7] Mit weitaus größeren Sympathien blicken die deutschen Romantiker nach Irland, was schließlich darin gipfelt, daß die Brüder Grimm 1826 die Sammlung *Irische Elfenmärchen* herausbringen, eine Bearbeitung der *Fairy Legends and Traditions of the South of Ireland* (1825) von Thomas Crofton Croker. In der „Vorrede“ der Grimms ist zu lesen:

> Wer noch Sinn hat für schuldlose und einfache Poesie wird sich von diesen Märchen angezogen fühlen, sie haben einen eigenthümlichen Beigeschmack, der nicht ohne Reiz ist und kommen aus einem Lande, an das wir gewöhnlich nur in wenigen und gerade nicht erfreulichen Beziehungen erinnert werden. Gleichwohl wird es von einem Volke bewohnt, dessen Alterthum und frühe Bildung die Geschichte bezeugt und das, wie es zum Theil noch in der eigenen Sprache redet, auch lebendige Spuren seiner Vorzeit wird aufzuweisen haben, wovon der hier dargestellte Glaube an überirdische Wesen vielleicht eins der besten Beispiel abgibt.[8]

---

5 Johann Wolfgang von Goethe, *Die Leiden des jungen Werthers*, Leipzig 1774, mit einem Kommentar von Wilhelm Große (Frankfurt a.M.: Suhrkamp 1998), S. 84.

6 Arno Schmidt, „An Uffz. Werner Murawski“, in Bargfelder Ausgabe, Bd. III/3, a.a.O., S. 49-61, hier S. 50.

7 Vgl. Eoin Bourke, *Das Irlandbild der Deutschen. Deutschsprachige Autoren über Irland* (Tübingen: Deutsch-Irischer Freundeskreis in Baden-Württemberg 1991), S. 4; außerdem Dohmen, *Das deutsche Irlandbild*, a.a.O., S. 31.

8 „Vorrede“, in *Irische Elfenmärchen*, Uebersetzt von den Brüdern Grimm (Leipzig: Fletscher 1826), S. III-V, hier S. IV f.

Die folgenreiche Publikation der *Irischen Elfenmärchen* ist in gewisser Weise der Endpunkt einer Entwicklung, die mit der Rezeption von Macphersons *Ossian*-Dichtungen in Deutschland ein gutes halbes Jahrhundert zuvor begonnen hat und das Bild von Irland als von Anderweltvorstellungen durchdrungener Fabelinsel zementiert. Der romantisch verklärte Blick auf ein als archaisch empfundenes Irland kommt auch in der begeisterten Rezeption der zwischen 1808 und 1834 in zehn Bänden erscheinenden *Irish Melodies* von Thomas Moore zum Ausdruck; Moore wird als Volksdichter und irisches Pendant zum Schotten Robert Burns wahrgenommen. Eine etwas andere Nuance findet sich allerdings im Werk des von Arno Schmidt sehr geschätzten E. T. A. Hoffmann, in dem Iren gelegentlich als skurrile Gestalten auftreten, beispielsweise in *Die Elixiere des Teufels* (1815/16) und *Der Elementargeist* (1821) – hier verbindet sich die Elfenromantik mit dem Klischee vom rabaukenhaften ‚Stage Irishman‘:

> Der Wirth brach in ein unmäßiges Gelächter aus, aber der Fremde, der eben mit dem Essen fertig worden, und ein großes Glas Bier hinuntergestürzt hatte, sah mich ernst an, und sprach: Sie haben ganz Recht, die Irländer machen oft dergleichen Bulls, aber es liegt keineswegs an dem Volke, das regsam und geistreich ist, vielmehr weht dort eine solche verfluchte Luft, die einen mit dergleichen Tollheiten, wie mit einem Schnupfen befällt, denn, mein Herr! ich selbst bin zwar ein Engländer, aber in Irland geboren und erzogen, und nur deshalb jener verdammten Krankheit der Bulls unterworfen. – Der Wirth lachte noch stärker, und ich mußte unwillkürlich einstimmen, denn sehr ergötzlich war es doch, daß der Irrländer [sic], nur von Bulls sprechend, gleich selbst einen ganz vortrefflichen zum Besten gab.[9]

Hat die Sicht der *Ossian*-Schwärmer und der Romantiker auf Irland mit dem realen Irland noch nicht viel zu tun, so ändert sich der Blick im weiteren Fortgang des 19. Jahrhunderts durch die zunehmende Politisierung der Öffentlichkeit, teils auch als Spätfolge der französischen Revolution und ihrer Auswirkungen auf Irland. Zwar sind irische Aufstände gegen die

---

9 [E.T.A. Hoffmann,] *Die Elixiere des Teufels. Nachgelassene Papiere des Bruders Medardus, eines Kapuziners. Herausgegeben von dem Verfasser der Fantasiestücke in Callots Manier*, Erster Theil, in *E. T. A. Hoffmann's gesammelte Schriften*, Bd. 5 (Berlin: Reimer 1827), S. 160.

englischen Besatzer im späten 18. Jahrhundert gescheitert, und das seit 1782 teilunabhängige Parlament in Dublin hat sich 1800 aufgelöst, doch 1829 erreicht der im Jahr zuvor als erster Katholik ins britische Parlament gewählte irische Volkstribun Daniel O'Connell die Emanzipation irischer Katholiken und strebt fortan eine Auflösung der Union beider Inseln an. Damit werden O'Connell und Irland zu wichtigen Bezugspunkten für den Vormärz und insbesondere das „Junge Deutschland". Irland taucht als Thema und Motiv in Dichtungen von Heinrich Heine, Ludwig Börne, Ferdinand Freiligrath und Georg Weerth auf[10], wobei es nicht darum geht, Irland zu rühmen oder gar poetisch zu verklären, sondern vielmehr darum, Irland und seine Bewohner als geschunden darzustellen und England als unterdrückerische Macht zu zeichnen. Dieses politisch motivierte Interesse liberaler Kreise führt dazu, daß vermehrt deutsche Reisende sich nach Irland aufmachen und über ihre Reiseerlebnisse schreiben; so wird in Deutschland von den 1840er bis zu den 1880er Jahren „weit mehr über Irland geschrieben [...] als in all den Jahrhunderten zuvor", und dieser Zeitraum „markiert gleichsam den Gipfel des Interesses der deutschen Öffentlichkeit an den Belangen der irischen Insel."[11] Damit emanzipiert sich der deutsche Blick dezidiert vom englischen Blick auf Irland, der zuvor in Ermangelung einer eigenen Perspektive vielfach einfach übernommen wurde, und zwar inklusive der einschlägigen (meist herablassend, wenn nicht gar offen rassistisch formulierten) Stereotypen und Klischees. Manches dieser Klischees überlebt allerdings in umgewerteter Funktion – das zuvor beklagte rauhbeinige Rabaukentum darf beispielsweise in Gestalt des positiv bewerteten Rebellentums weiterleben, und auch die angebliche kindische Unvernunft des typischen Iren hat nun einen positiven Wert, nämlich als sympathisches Gegenbild zu den als hartherzig und streng rational gezeichneten Engländern. Im Kontext eines politischen Blicks auf geknechtete Iren unter der Knute des unbarmherzigen England sind auch Schriften von Karl Marx und

---

10 Vgl. Eoin Bourke, „Deutsche Autoren über Irland (2). Goethe versus Heine: Irish Bull", in *irland journal* II.1 (1991), S. 49-52; Eoin Bourke, „Deutsche Autoren über Irland (4). Ferdinand Freiligrath und Georg Weerth: Sympathisanten aus Detmold", in *irland journal* II.3 (1991), S. 44-47.

11 Andreas Oehlke, „Deutsche Irlandromantik und die Entdeckung Irlands als Reiseland im 18. und 19. Jahrhundert", in ders. (Hg.), *Fahrten zur Smaragdinsel. Irland in deutschen Reisebeschreibungen des 19. Jahrhunderts* (Göttingen: Edition Peperkorn 1993), S. 349-364, hier S. 351.

Friedrich Engels zu nennen, in denen die Beziehung zwischen England und Irland mit derjenigen zwischen unterdrückerischem Kapital und ausgebeutetem Proletariat verknüpft wird, wobei Engels ein Weilchen brauchte, um über das englische Urteil hinwegzukommen, der irische „Volkscharakter" fühle sich nur in Schmutz und Elend wohl.[12]

Die hier sich deutlich abzeichnende Abhängigkeit des deutschen Irland-Bilds vom deutschen England-Bild bleibt über lange Jahrzehnte hinweg bestehen, und dies, weil sie sich politisch bestens intrumentalisieren läßt – Irland interessiert in der Folge nicht eigentlich an sich, sondern vornehmlich als Argument für den Umgang mit England. Dieser Aspekt kommt, nachdem das deutsche Interesse an Irland um die Jahrhundertwende herum merklich erlahmt, in den Jahren des Ersten Weltkriegs zur Geltung, und nun natürlich nicht mehr aus liberaler, sondern aus national-konservativer Perspektive. Die Jahre unmittelbar vor dem Krieg, in denen Preußen seine Flotte gegen England aufrüstet, fallen zusammen mit einer Phase, in der sich in Irland neue Unabhängigkeitsbestrebungen und parallel dazu eine kulturelle Wiederbesinnung auf ‚keltische' Traditionen entwickeln. Die Tatsache, daß England sowohl aus deutscher als auch aus irischer Sicht zunehmend als ‚der Feind' wahrgenommen wird, führt zu einer impliziten Interessenskoalition, die in dem deutschen Versuch gipfelt, dem irischen Unabhängigkeitskämpfer Roger Casement mit Waffenlieferungen und logistischer Unterstützung die Entfesselung eines Volksaufstands zu ermöglichen. Zwar scheitert 1916 diese Aktion ebenso wie der Osteraufstand in Dublin, den beiderseitigen Sympathien tut dies aber gerade keinen Abbruch. Die Wirkung der kriegsbedingten neuen Interessenskoalition kommt recht treffend in einer Veröffentlichung mit dem unverblümten Titel *Englands Verbrechen am katholischen Irland* zum Ausdruck, die noch während des Kriegs erscheint:

> Wer sollte nach Irland reisen, dem Lande des Torfs und der Kartoffel? So ungefähr war das Bild, das man sich auch in Deutschland vor dem Kriege von Irland und seinen Bewohnern gemacht hat. Nicht zuletzt als eine Folge einer gewissen konfessionellen Polemik, welche den katholischen armen, heruntergekommenen, arbeitsscheuen, verlumpten Iren brauchte als wirkungsvolles Gegenstück zu dem protestantischen reichen, fleißigen, wohlhabenden, das Meer beherrschenden Engländer, der sich auf seinen Gold-

---

12 Vgl. Bourke, *Das Irlandbild der Deutschen*, a.a.O., S. 10-13.

> säcken spreizen kann, während der Ire auf seinen Kartoffelsäcken verhungert! [...] Als faul, verlumpt, ein Freund der Whiskyflasche – so schritt der Ire durch die Gedankenwelt des deutschen Durchschnittsgebildeten [...]. Es bedurfte des Weltkrieges, um [...] auch den Iren zu einem gerechten Urteil zu verhelfen [...] jetzt dämmert uns die Erkenntnis, daß wir auch in der Einschätzung Irlands und seines Volkes das Opfer englischer Darstellung gewesen sind. Daher Dank dem Kriege, daß er uns die englische Brille von der Nase genommen hat.[13]

Hier werden die weithin bekannten und oft geteilten Klischees über Irland und die Iren als bösartige englische Verleumdung gekennzeichnet, was vor dem Hintergrund der Kriegsfeindschaft mit England für einen Großteil des deutschen Publikums überzeugend sein muß; nur die Berufung auf die konfessionelle Frontstellung kann in Deutschland naturgemäß nicht überall gutgeheißen werden. Zur Behebung dieses Mankos löst sich der deutsche Blick auf Irland in der Folge von der primär konfessionellen Zuschreibung, an deren Stelle zunehmend eine völkische Sicht tritt. Fortan ist zunehmend von „Rasse", „Volkscharakter", „Stammesseele" und dergleichen die Rede, wenn es darum geht, die Iren als sympathisches Gegenbild zu England zu definieren. Das Interesse an der sich auf archaische Elemente und auch die lange unterdrückte irische Sprache besinnenden kulturellen Erneuerungsbewegung in Irland wird durch diese völkische Sichtweise ebenso angefacht wie das Erblühen der Keltologie, in der deutsche Sprachforscher im frühen 20. Jahrhundert eine führende Rolle spielen. Politische Propaganda, Keltentümelei und die latente Sehnsucht nach einer ‚unverdorbenen' vormodernen Kultur verbinden sich zu einer sehr positiven, geradezu schwärmerischen Einschätzung, die vom frühen 20. Jahrhundert an den deutschen Blick auf Irland bestimmt.

Mit dem Ende des für Deutschland verlorenen Kriegs hört die propagandistische Instrumentalisierung Irlands nicht auf – auch nicht mit der Entstehung des irischen Freistaats 1921/22 (unter Nichteinbeziehung der sechs weiterhin britischen Grafschaften im Norden der Insel); in symbolischer Sicht ist die Erlangung der Freiheit Irlands womöglich eine Art Surrogat für den Sieg über England, der den deutschen Truppen nicht gelang. Mit der Vergabe des Literaturnobelpreises 1923 an William Butler Yeats, den

---

13 Franz Meffert, *Englands Verbrechen am katholischen Irland. Eine opologetische Studie* (Mönchengladbach: Volksvereins-Verlag 1917), S. 9 ff., zitiert nach Dohmen, *Das deutsche Irlandbild*, a.a.O., S. 115.

wichtigsten Vertreter der kulturellen Erweckungsbewegung, wird zudem die zuvor kaum als eigenständig wahrgenommene irische Nationalliteratur hoffähig; es erscheinen Ausgaben aktueller und auch frühirischer Literatur in deutschen Verlagen, und einzelne junge deutsche Schriftsteller (etwa Werner Helwig und Wilhelm Lehmann) bereisen das Land.

Außerhalb kultureller Zirkel nimmt die deutsche Beschäftigung mit Irland nach dem Ersten Weltkrieg jedoch zunächst wieder ab. Allerdings werden auch unter dem Deckmantel der Kulturvermittlung Loblieder auf Irland habituell vor dem Hintergrund eines äußerst negativ gezeichneten England gesungen. Diese Tendenz ist nicht zuletzt an Unterrichtsmaterialien für den schulischen Englischunterricht zu beobachten, die in den 20er und frühen 30er Jahren von deutschen Schulbuchverlagen produziert werden. Im Vorwort eines Lesebogens zum Thema *New Ireland* heißt es beispielsweise:

> Vier Generationen des irischen Volkes haben sich im Kampf gegen die Union, durch die England die Unterwerfung Irlands für alle Zeiten gesichert zu haben schien, erschöpft und verblutet. Aus der letzten Phase dieser Kämpfe, die das Kriegs- und Nachkriegseuropa miterlebt hat, ist ein neues Irland hervorgegangen, dem der anglo-irische Vertrag vom 6. Dezember 1921 seinen Stempel aufgeprägt hat. Er hat dem größeren Teil der Insel den Status eines britischen Dominions verliehen und ihm, nach der Ansicht der englischen und irischen Anhänger des Vertrages, seine nationale Entwicklung innerhalb des britischen Reiches in einem Umfang gesichert, den sich irische Patrioten noch an der Wende des Jahrhunderts nicht auszudenken wagten. Andererseits hat der Vertrag die Einheit der Insel zerrissen und damit, nach der Überzeugung seiner Gegner, den politischen, völkischen und konfessionellen Zwiespalt im irischen Volke vertieft und das irische Volk zum willenlosen Werkzeug der englischen divide-et-impera Politik gemacht.[14]

Im Vorwort einer ebenfalls für den Schulgebrauch konzipierten Sammlung irischer Erzählungen wird diese anti-englische Tendenz mit einer typischen Idealisierung angeblicher irischer Nationalcharakteristika verknüpft:

> Das moderne Irland ist während des letzten Jahrzehnts immer mehr in den Vordergrund des allgemeinen Interesses gerückt. Dabei fällt

---

[14] „Zur Einführung“, in Arnold Mock (Hg.), *New Ireland*, mit 1 Karte und 8 Abbildungen (Paderborn: Schöningh o.J. [ca. 1932]), S. 2.

> aber auf, daß die Urteile selbst von Fachleuten über diese Insel und ihre Bewohner geteilter sind als über irgendein anderes Land Europas. Ein Volk, das auf eine mehr als zweitausendjährige Kultur zurückblickt und trotz starker nationaler Strömungen in allen seinen Schichten besonders auf wirtschaftlichem Gebiete mehr und mehr in das Fahrwasser des großen englischen Nachbars gerät, gerecht zu beurteilen, ist sicherlich keine leichte Aufgabe, selbst für den aufmerksamen Beobachter.
>
> Viel zu wenig ist der Charakter der Iren, ihr Fühlen und Denken, bei uns Deutschen bekannt, obwohl gerade sie uns oft, und nicht zuletzt in schicksalschweren Stunden offen ihre Sympathie bezeugt haben. Das Verständnis für das moderne Irentum fördern zu helfen, ist der Zweck dieses Bändchens. Es soll vor allem den Schülern der oberen Klassen dartun, daß Irland bis heute ein Fremdkörper innerhalb des britischen Weltreiches geblieben ist, der wie andere Kleinstaaten Europas um die Berechtigung kämpft, unabhängig zu sein. Zugleich bietet der Stoff dem Lehrenden eine Menge von kulturgeschichtlichen Anknüpfungspunkten.
>
> Aus der Fülle der anglo-irischen Literatur sind hier zehn wertvolle in sich abgeschlossene Skizzen zusammengestellt worden, die in groben Umrissen den Leser mit den verschiedensten Seiten des irischen Volkslebens bekannt machen.[15]

Neben Erzählungen, die ein „erschütterndes Bild von dem Elend einer Dubliner Arbeiterfamilie während des Weltkrieges“ bieten, „das Ringen der hauptstädtischen Massen um die nationale Unabhängigkeit zur Zeit des letzten Aufstandes 1916-21“ schildern oder „den Zwiespalt im Herzen eines anglo-irischen Offiziers zwischen Pflicht und Heimatliebe“ illustrieren[16], hebt der Herausgeber besonders drei Skizzen von Seumas O'Kelly hervor, die

> in Connaught [spielen], im Westen der Grünen Insel, wo sich das Keltentum in Sprache und Sitte noch am besten erhalten hat. In *Both Sides of the Pond* behandelt der Verfasser neben Bildern aus den

---

15 Hans Marcus, „Zur Einführung“, in ders. (Hg.), *Modern Ireland. Zehn kulturgeschichtliche Erzählungen*, mit 10 Abbildungen und einer Karte (Bielefeld und Leipzig: Velhagen & Klasing 1931), S. III-VI, hier S. III f.

16 Ebd., S. IV.

> einsamen Torfbezirken die Frage der Auswanderung, von der die Zukunft des Landes abhängen wird. Der *Sick Call* gibt einen tiefen Einblick in das kindliche Verhältnis der Bewohner jener spärlich besiedelten, herben Landstriche zur Geistlichkeit sowie in die Reste heidnischen Dämonenglaubens. Das *Weaver's Grave* bietet mit der Schilderung des uralten Gälenfriedhofes und seiner versonnenen Vergänglichkeitsphilosophie ein reines Stimmungsbild und streift damit die träumerisch-beschauliche Seite des irischen Charakters.[17]

Weiterhin ist die Rede von „der rauhen aber gutmütigen Bevölkerung“[18] und „dem Feenglauben der Fischer; überall klingen echte keltische Urtöne mit.“[19] Damit sind, wenn auch auf eher zurückhaltende Weise, alle positiven (oder positiv deutbaren) Klischees über die Iren beisammen: Alter und Fremdheit der irischen Kultur, Elend infolge langer englischer Unterdrückung, Kindlichkeit und Feenglauben, Versonnenheit und träumerische Beschaulichkeit, und dies alles bei aller christlichen Frömmigkeit doch gespeist aus Heiden- und Keltentum.

Es ist müßig, darüber zu spekulieren, ob Arno Schmidt in seiner Schulkarriere solchen oder ähnlichen Lesestoffen begegnet sein könnte; falls er aber überhaupt in Berührung mit Irlanddarstellungen gekommen sein sollte, zielten sie zweifellos in diese Richtung.

Ab 1933 und erst recht mit dem Kriegseintritt Großbritanniens 1939 verschärft sich die deutsche Rhetorik gegenüber England wieder, und Irland rückt erneut als möglicher Interessenspartner in den Fokus. Mit der Umwandlung des im strengen Sinne noch keineswegs autonomen Freistaats Irland in einen souveränen, auf eine neue Verfassung gegründeten demokratischen Staat Eire 1937 löst Irland sich zwar weiter von England, zeigt sich aber an einem Bündnis mit Nazi-Deutschland nicht interessiert – der von 1932 bis 1948 durchgängig (und auch in den 50er Jahren noch zweimal) amtierende Regierungschef Éamon de Valera verabscheut die Nazis schon allein aus religiösen Gründen[20], und auf alle Avancen Hitlers reagiert er abweisend. Zwar macht de Valera Irland zu einem erzkonservativen und antimodernen Land, doch ist das für das Selbstverständnis des noch jungen

---

17 Ebd., S. V.

18 Ebd.

19 Ebd., S. VI.

20 Vgl. T. Ryle Dwyer, *Guests of the State. The story of Allied and Axis servicemen interned in Ireland during World War II* (Dingle: Brandon 1994), S. 14.

Staates zentrale rückwärtsgewandte Irentum nicht völkisch, sondern kulturell und konfessionell begründet. Im Zweiten Weltkrieg bleibt Irland folgerichtig offiziell neutral, de facto unterstützt es die Alliierten im Kampf gegen Deutschland auf vielfältige Weise. Infolge des neutralen Status bleiben die deutschen Sympathien Irland allerdings erhalten, und weitaus schärfer noch als im Ersten Weltkrieg bedient sich die deutsche Kriegsrhetorik des Themas Irland, auch in Publikationen mit Titeln wie *Irlands Versklavung*, *Irland in der englischen Hölle* oder *Englands Gewaltherrschaft in Irland*[21], die selbst ohne Kenntnisnahme der Inhalte hinreichend anzeigen, um welche Art von Instrumentalisierung es sich handelt.

Arno und Alice Schmidt unternehmen während der Nazi-Zeit eine Seereise nach England, im August 1938 sind sie für mehrere Tage in London und Umgebung. Alice Schmidts Bericht der Reise läßt etliche anti-englische Reflexe und Ressentiments (auch seitens ihres Gatten) erkennen (eine „gebürtige Irin" hingegen wird gelobt, auch weil sie nicht so „häßlich u. geschminkt" ist wie die „typische Englisch-Miss"[22]). Selbst nach dem Krieg noch entrüstet sich Schmidt nicht nur über die britische Kolonialpolitik[23],

---

21 Vgl. Jürgen Schneider / Ralf Sotschek, *Irland. Eine Bibliographie selbständiger deutschsprachiger Publikationen. 16. Jahrhundert bis 1989* (Darmstadt: Verlag der Georg Büchner Buchhandlung 1988), S. 289 f.; ich verzichte bewußt auf genaue bibliographische Angaben. Die Titel einschlägiger Pamphlete sind während des Ersten Weltkriegs allerdings noch drastischer ausgefallen: *Was Deutschland im Falle eines englischen Sieges zu erwarten hätte* oder *Irlands Schicksal, eine Warnung für Deutschland* (ebd., S. 287 f.).

22 Alice Schmidt, „Brief an Rosa Junge", in Jan Philipp Reemtsma / Bernd Rauschenbach (Hg.), *»Wu Hi?« Arno Schmidt in Görlitz Lauban Greiffenberg* (Zürich: Haffmans 1986), S. 91-121, hier S. 111.

23 Vgl. etwa Arno Schmidt, „Flüchtlinge, oh Flüchtlinge!", in Bargfelder Ausgabe, Bd. III/3, a.a.O., S. 398-401, hier S. 400: „die Donnerstimme Dantons verkündete es im Nationalkonvent: »[...] Von heute an ist der Engländer tot!« (Wozu man ja bei dem nahezu täglich von den Angelsachsen anfallenden Material nur nicken kann: Lord Kitchener, der sich aus dem Schädel des ‹Mahdi› ein Tintenfaß machen ließ; Little Rock, den neuesten Schandfleck der USA in dieser Hinsicht erwähnte ich schon; worauf natürlich die Engländer nicht dahinten bleiben mochten, und den ‹Fall Civil› lieferten: es lebe die Charta der Vereinten Nationen!)".

sondern polemisiert auch gern gegen „den Engländer in der Literatur“[24]. Zweifellos ist die englandfeindliche Polemik, der Schmidt in seinen ersten drei Lebensjahrzehnten ausgesetzt ist, nicht spurlos an ihm vorübergegangen. Hinweise darauf, daß solchen Ressentiments gegen England bei Schmidt eine prononcierte Sympathie für oder ein Interesse an Irland entsprungen wäre, sind allerdings nicht auszumachen.

---

24 Arno Schmidt, „Herrn H. J.“, in Bargfelder Ausgabe, Bd. III/3, a.a.O., S. 42-47, hier S. 43.

Zuflucht bei Freunden

Das deutsche Irland-Bild in den Jahren nach 1945

Im kriegszerstörten und besetzten Deutschland keimt naturgemäß eine gewisse Sehnsucht nach einer besseren Welt, nach Zufluchtsräumen und Gegenwelten, und solche Träumereien und Gedankenspiele bedient Irland sowohl in symbolischer als auch in konkreter Weise. Abgesehen vom franquistischen Spanien ist Irland das einzige Land in Europa, von dem Deutsche weder Rachegelüste noch Bestrafung zu erwarten haben, keine Animositäten, sondern Sympathien und sogar Mitleid, das sich in tatkräftiger Hilfsbereitschaft ausdrückt. Über die „Operation Shamrock" der *Save the German Children Society*, die Hunderte hungernder deutscher Kinder nach Irland bringt, wo sie von irischen Familien aufgenommen werden, berichtet die deutsche Presse regelmäßig, und vermerkt wird auch eine „Spende des irischen Volkes [...] über 80 000 Kilogramm Fleischkonserven"[1] zur Verteilung in Deutschland. Für Irland einnehmen muß selbst der anekdotisch-belustigte Bericht, den der *Spiegel* 1950 über das glimpfliche Los von Eduard Hempel, Hitler-Deutschlands Botschafter in Irland, bringt:

> Nach der Kapitulation der Dönitz-Regierung blieb auch für Dr. Hempel in Dublin nichts mehr zu tun. Er schloß noch rasch ein Abkommen mit den Iren. Die deutschen Guthaben und Vermögenswerte in Irland wurden zur Wiedergutmachung der von Görings Luftwaffe versehentlich angerichteten Schäden angeboten und angenommen. Dann wurde des versunkenen Reiches Schild vom Gesandtschaftstor abmontiert.
>
> Vorher konnte Dr. Hempel noch ein weiteres Eingeständnis einhandeln. Die irische Regierung versicherte ihm, sie werde ihn und seine Mitarbeiter niemals ausliefern. Das Versprechen wurde gehalten, obwohl die Alliierten dauernd die Auslieferung verlangten.
>
> Schließlich blieb nur noch die Frage des Broterwerbs. Hempel, der sächsische Gardereiter des ersten Weltkrieges, machte in Dublin-Dunloaghaire eine Kuchenbäckerei auf. Frau Evelyne buk.

---

[1] hi., „Kurz berichtet. Eine irische Konservenspende", in *Frankfurter Allgemeine Zeitung*, 14. November 1951.

> Gesandtschaftsrat Tomsen trat in ein Bauunternehmen ein. Ein Gesandtschaftssekretär wurde Kaufmann.
>
> Freiwillig ging Dr. Hempel im Januar 1950 nach Deutschland zurück. Die Zeit der alliierten Scherbengerichte war vorbei, und Säuberungssorgen brauchte er nicht zu haben. Die Iren hatten rechtzeitig mitgesorgt. Ein Zeugnis de Valeras machte ihn vor deutschen Spruchkammern schnell zum „Entlasteten".[2]

Mit dem Nazi-Botschafter kann sich jeder deutsche Mitläufer symbolisch entlastet fühlen, durch Irland, und das bedeutet viel in den Nachkriegsjahren. Hier zahlt sich für Deutschland die nominelle irische Neutralität während der Kriegsjahre aus, und im Angesicht neuer Bedrohungen zu Zeiten des aufkeimenden Kalten Kriegs bleibt diese Neutralität eine Verheißung auch für die Zukunft, weswegen jede explizite Bestätigung dieses Status quo bis in die 50er Jahre hinein der deutschen Presse eine Meldung wert ist:

> Die Regierung des Ministerpräsidenten De Valera sei schärfer noch als ihre Vorgängerin entschlossen, die strikte Neutralitätspolitik Irlands auch in Zukunft fortzusetzen. [Der Regierungssprecher] dementierte auch, daß der neue amerikanische Botschafter um eine Ueberlassung von Stützpunkten nachgesucht habe.[3]

Zur Kenntnis genommen wird auch, daß Irland sich trotz des vor allem amerikanischen Drängens keineswegs „entschließen könnte, dem Nord-

---

2 Anon., „Kuchen von Frau Evelyne", in *Der Spiegel* 26 (28. Juni 1950).

3 gr. [= Peter Grubbe], „Dublin bleibt neutral", in *Frankfurter Allgemeine Zeitung*, 30. November 1951. – Solche Meldungen geben die offizielle Politik wieder, der die faktische Politik Irlands allerdings in vielerlei Hinsicht widerspricht. Vgl. Garret Fitzgerald, „Der Mythos von der irischen Neutralität hält den historischen Fakten nicht stand", üb. v. Friedhelm Rathjen, in *irland journal* X.4 (1999), S. 26 f., hier besonders das Fazit auf S. 27: „Ganz im Gegensatz zu eifrig genährten Mythen waren wir also im letzten Weltkrieg nicht neutral, hat unsere Nichtmitgliedschaft in der NATO nichts mit Neutralität zu tun und hat jeder irische Taoiseach von 1960 bis in die 90er Jahre das Neutralitätskonzept verworfen und ein zukünftiges irisches Engagement bei der Verteidigung Europas akzeptiert."

atlantikpakt beizutreten [...] solange die Teilung Irlands besteht.“[4] Damit ist klar, „daß Irland zwar seine Verteidigung verstärken, im Falle eines neuen Krieges aber nicht von seiner Neutralitätspolitik abweichen werde.“[5]

Solange die Phase der Neuorientierung nach dem Zweiten Weltkrieg andauert und ungewiß ist, wer bei der Neumischung der Karten die besten Trümpfe in die Hand bekommt, ist die irische Neutralität aus deutscher Sicht Verlockung und Rätsel zugleich. Über die politische Entwicklung des kleinen Landes wird deshalb vergleichsweise ausführlich berichtet, insbesondere anläßlich von Wahlen und auch anläßlich des Austritts der Republik Irland aus dem Commonwealth 1949, der die letzten politischen Abhängigkeiten von Großbritannien kappt und damit den neutralen Status untermauert. Die meisten deutschen Zeitungen berichten von diesen Anlässen im zurückhaltend-faktischen Tonfall, lassen sich höchstens einmal dazu verleiten, den Regierungschef de Valera als „alten Schlaufuchs“[6] zu bezeichnen; die große Ausnahme ist der *Spiegel*, der seinen charakteristischen süffisanten Tonfall schon in den Anfangsjahren weitgehend ausgebildet hat. De Valera wird 1947 folgendermaßen vorgestellt:

> Der 65jährige hochgewachsene Mann mit der großen randlosen Brille genießt bei seinen Landsleuten großes Ansehen.
>
> Spanisches Temperament und irische Hartnäckigkeit kennzeichnen de Valera. Als Sohn eines baskischen Musikers und einer irischen Mutter in New York geboren, hörte er schon in früher Jugend durch seinen irischen Onkel, zu dem er vom dritten Lebensjahr ab in strenge Zucht gegeben wurde, vom Freiheitskampf der „Grünen Insel“. Am Osteraufstand 1916 der Unabhängigkeitsbewegung der Sinn-Feiner war er schon selbst beteiligt.
>
> Jahre heftigsten politischen Kampfes folgten. Verschiedene Todesurteile und Zuchthausstrafen vermochten den zähen, hageren Freiheitskämpfer nicht zu schrecken. Zweimal flüchtete er nach den USA. Dort fand er bei den mit tiefer Liebe an der alten Heimat hängenden Millionen von Iren, die an Zahl die Drei-Millionen-Bevölkerung der Insel übertreffen, tatkräftige Unterstützung.

---

4 hl., „Eine Kampfansage“, in *Frankfurter Allgemeine Zeitung*, 22. Juni 1951.

5 Anon., „Kurz berichtet. De Valera: Irland will neutral bleiben“, in *Frankfurter Allgemeine Zeitung*, 20. Juni 1951.

6 (ap), „Steht Irland vor einem Umschwung?“, in *Nordwest-Zeitung*, 9. Dezember 1947.

> Als 1921 unter dem Namen Eire der Freistaat erstand, dem London Dominion-Status zubilligte, kehrte Dev nach Dublin zurück. Er brachte eine „Anleihe“ von sechs Millionen Dollar mit. Sechs Jahre später zog der immer dunkel gekleidete Mann mit den scharfblickenden braunen Augen im zerfurchten Gesicht an der Spitze seiner Fianna-Fail-Partei in den Dail ein. Als 1932 aus der Opposition die Mehrheit und Eamon de Valera der „Taoiseach“, der Ministerpräsident der Republik, wurde, bewies der einstige Mathematikprofesser, daß er noch immer ein guter Rechner war. Er brachte Ordnung in den Staatshaushalt.[7]

Ist schon diese Beschreibung von den einschlägigen Klischees vom hitzköpfigen irischen Rebellen durchzogen (einzig die „Ordnung“ im Schlußsatz stört ein wenig), so erwecken die Charakterisierungen seiner politischen Konkurrenten Seán MacBride („Schon als Zwanzigjähriger zum Brigadeführer in der illegalen IRA (Irish Republican Army) avanciert, [mußte der] junge Feuerkopf [...] erst einige Jahre hinter Gittern verbringen, ehe er mit einem geregelten juristischen Studium beginnen konnte“[8]) und John A. Costello („Als General O‘Duffy 1936 eine ‚Irische Brigade‘ aufstellte, um seinen Generals-Kollegen Franco im spanischen Bürgerkrieg zu unterstützen, war Costello einer der ersten, die in die irische Blauhemden-Brigade eintraten“[9]) vollends den Eindruck, bei Irlands führenden Politikern handele es sich um recht schräge Typen mit diversen unfeinen, wenn auch am Ende harmlosen Neigungen. Verständlich wird der leicht denunziatorische Tonfall, wenn man zur Kenntnis nimmt, daß der *Spiegel* in dieser Phase seine Informationen über Irland meist aus englischen Quellen übernimmt, was in den Artikeln noch nicht einmal verheimlicht wird.

Zu Beginn der 50er Jahre setzt die Irland-Berichterstattung im *Spiegel* ganz aus; in der übrigen deutschen Presse (auch in der Provinz) wird sie mit tendenziell schwindender Intensität fortgesetzt. Zunehmend verlagert sich die Berichterstattung auf die Gebiete des Sports und vor allem der Kultur – insbesondere die Literatur; in den 50er Jahren geht es vornehmlich um George Bernard Shaw, um 1960 wechselt dann das Hauptaugenmerk zu

---

7 Anon., „König nach Belieben“, in *Der Spiegel* 45 (7. November 1947).

8 Anon., „Sohn der heiligen Johanna. Irland setzt auf McBride“, in *Der Spiegel* 5 (30. Januar 1948).

9 Anon., „Der blaue Traum. Costello arbeitet mit Verlust“, in *Der Spiegel* 9 (27. Februar 1948).

James Joyce, Beachtung finden außerdem Brendan Behan, Seán O'Casey und später Samuel Beckett. Diese irischen Autoren werden allerdings vornehmlich im Kontext der englischen Literatur verortet, die irische Herkunft findet allenfalls in gelegentlichen Hinweisen auf skurrile Eigenheiten oder den Hang zu Phantasie und Trunksucht Beachtung.[10]

Wichtiger und folgenreicher für das Bild Irlands in Deutschland werden hingegen bald landeskundliche Artikel, meist in Form von Reisereportagen oder pointierten Skizzen irischer Eigenheiten. Den Anfang macht eine Artikelserie von Peter Grubbe, die von Ende Juli bis Ende August 1950 in der *Frankfurter Allgemeinen Zeitung* läuft und neben vielen faktischen Informationen zu Politik, Landeskunde und Mentalität auch darauf aufmerksam macht, daß „eine echte und starke Zuneigung zu Deutschland im irischen Volk vorhanden" sei:

> Immer wieder drückt man mir voller Herzlichkeit die Hand, wenn es sich herausstellt, daß ich ein Deutscher bin. Achtzig Kilometer, bevor ich Donegal, die nördlichste Grafschaft der Republik erreiche, macht man mich bereits darauf aufmerksam, daß ich dort einen deutschen Hotelbesitzer finden würde. Und die Frage, wann es wieder deutsche Autos in Irland zu kaufen geben werde, wird mehr als einmal an mich gerichtet.[11]

Ist Grubbes mehrteilige Reportage noch vorrangig faktenorientiert, so erscheinen kurz darauf in der deutschen Presse (auch in Provinzblättern) Artikel, die das bald vorherrschende verklärte Bild von traumhaften irischen Landschaften und von ebenso trinkfreudigen wie phantasiebegabten Bewohnern entwerfen:

> Wer nach Irland kommt und von irischen Freunden empfangen wird, macht zu allererst Bekanntschaft mit dem Pub. Und im Pub macht er Bekanntschaft mit Whisky. Im Pub hockt man auf Barstühlen, lernt rasch, daß man Whisky nicht mit Soda, sondern

---

10 Vgl. Patrick O'Neill, *Ireland and Germany. A Study in Literary Relations* (New York etc.: Lang 1985), S. 248 f. – Zum eher gegenteiligen Urteil für den *Spiegel*, aber zu einer Bestätigung für die *Zeit* gelangt Fergal Lenehan, *Stereotypes, Ideology and Foreign Correspondents. German Media Representations of Ireland, 1946-2010* (Oxford etc.: Lang 2016), S. 71-74 bzw. S. 87.

11 Peter Grubbe, „Irland haßt nicht. Trotz den Gegensätzen zu England", in *Frankfurter Allgemeine Zeitung*, 16. August 1950.

> ausschließlich mit Wasser zu trinken hat, raucht ungezählte Zigaretten und führt eine flüsternd leise Unterhaltung. [...]
>
> Als kürzlich eine Straße begradigt werden sollte, widersetzte sich die Gemeinde mit aller Kraft diesem Vorhaben, weil die neue Straße über eine Zwergenburg führte. Man mußte das Projekt aufgeben und die Chaussee um die Zwergenburg herumführen. [...]
>
> In den Bergen gibt es Hochmoore. Tiefschwarz ist der Torf, der hier gestochen und von Eseln an den Straßenrand getragen wird. Ein seltener blauer Schimmer hängt über den Kämmen. Reißende Bergflüsse stürzen zu Tal. Forellen kann man vom Auto aus mit der Angel fangen. Die Aale führen ein Leben wie im Paradies: sie werden hierzulande nicht gegessen.
>
> Reiserummel, wie man ihn in Europa kennt, begegnet man in Irland nicht. Ein Paradies für Angler, Jäger und Golfspieler, für Menschen, die einander nicht auf die Nerven fallen, sondern sich abseits halten. Das Land ist menschenarm. Hin und wieder nur lugt ein Haus aus dem Gestein und den grünen Hecken.[12]

Im Rundfunk, dem in der Nachkriegszeit wohl wichtigsten Medium (selbst der finanziell darbende Arno Schmidt schafft sich im November 1949 ein Radiogerät an[13]), werden ebenfalls landeskundliche Reportagen ausgestrahlt; so bringt Radio Bremen am 17. Oktober 1950 innerhalb eines Sendeschwerpunkts, der „England, seine Menschen und Landschaft, seine Kultur und seine Geschichte“ vorstellen soll, eine knapp halbstündige Sendung mit dem wenig einfallsreichen Titel „Irland, grüne Insel“[14].

Besonders viele Reisereportagen unterschiedlicher Autoren bringt in den Folgejahren die *Frankfurter Allgemeine Zeitung*. Meist sind diese Artikel um einen faktenbasierten Zugriff samt politischen und gesellschaftlichen Einschätzungen bemüht, was aber nicht ausschließt, daß sie dann doch mit Tourismusprosa enden:

---

12 Pogge von Ranken, „Irland, Land der Gegensätze“, in *Nordwest-Zeitung*, 20. Oktober 1950.

13 Vgl. Alice Schmidt, *Die Tagebücher der Jahre 1948/49*, hg. v. Susanne Fischer (Berlin: Suhrkamp 2018), S. 166 f. (Eintrag vom 21. November 1949).

14 Daten nach der Programmspalte „Wir schalten ein“ in der *Nordwest-Zeitung*, 13. Oktober 1950. – Worum es sich bei der Sendung inhaltlich genau gehandelt haben mag, muß Spekulation bleiben, da Details nicht zu ermitteln sind.

> Die Anziehungskraft, die dieses Land auszustrahlen scheint, liegt in der unwirklichen, fast trügerischen Atmosphäre, in der die Elemente Meer und Wolken die Insel einhüllen. Wir haben sie empfunden in dem Geruch der Torffeuer, im Wind über den Mooren und in dem elegant verwegenen Flug der Möwen über den stillen Buchten entlang der Küste. Hier lebt ein Volk, dessen Charme größer ist als seine Disziplin, dessen Rebellentum sich im Streit um Grundsätze schwächt: romantische Idealisten – die letzten vielleicht in Europa.[15]

Mit solchen Artikeln in diversen Presseerzeugnissen ist dann der Boden bereitet für die erste komplett Irland gewidmete und auf ein allgemeines Publikum zielende Buchpublikation in Deutschland, nämlich *Heimat der Regenbogen* (1953) von A. E. Johann, das in feuilletonistischer Manier das porträtierte Land als Gegenbild zur hektischen Moderne preist:

> wie schön, dass in diesem Lande die alten Zeiten nicht vergessen sind! Wie schön, in einem Lande zu sein, in dem Friede herrscht, echter Friede! Wie schön, daß hier die meisten Menschen nicht von Ehrgeiz zerfressen sind, daß sie den Neid nicht zu kennen scheinen, daß sie nicht darauf aus sind, auf allen Gebieten den Vogel abzuschießen, sondern daß sie eigentlich nur ein einziges Ziel und Ideal zu kennen scheinen: ihr Leben nach eigenem Geschmack zu leben, ohne sich vom Staat, der Mode, dem Beruf, der Kaste oder Klasse Vorschriften machen zu lassen, ganz einfach menschlich zu leben.[16]

Zur Illustration dieses Lobpreises schildert der Autor Reiseimpressionen vornehmlich aus dem Westen und Nordwesten Irlands; hinzu kommen Exkurse über den Südwesten, Dublin und den Flughafen Shannon, außerdem wird eine offensichtlich selbsterfundene irische Heldenlegende eingebaut, und immer wieder singt er ein Loblied auf den „besonderen, unverwechselbaren Charakter“ Irlands und der „einfachen irischen Menschen, die noch nach einfacher irischer Art mit irischer Muttersprache lebten“[17].

---

15 F. W. Pauli, „Irland. Außenseiter Europas“, in *Frankfurter Allgemeine Zeitung*, 4. Oktober 1952, hier der Schlußabsatz des Artikels.

16 A. E. Johann, *Heimat der Regenbogen. Irland Insel am Rande der Welt* (Gütersloh: Bertelsmann 1953), S. 165.

17 Ebd., S. 366.

A. E. Johann (eigentlich Alfred Ernst Johann Wollschläger, 1901-96) reüssierte schon vor dem Zweiten Weltkrieg als Reiseschriftsteller mit Büchern vor allem über Nordamerika; im Krieg arbeitete er als Kriegsberichterstatter und Vortragsreisender, veröffentlichte aber auch weiterhin Bücher über ferne Länder, die nun ganz auf der Linie der völkischen Nazi-Ideologie lagen und „als menschenverachtend und volksverhetzend einzustufen sind“[18]. In seinem acht Jahre nach Kriegsende erschienenen Irland-Buch gibt sich Johann keine allzu große Mühe, seine aus der Nazi-Zeit mitgeschleppten Ressentiments zu verstecken, und hat keine Einwände, wenn er von irischen Gesprächspartnern hört, „im vergangenen Kriege“ hätten sie „den Deutschen den Sieg gewünscht“[19], weil es ja gegen England ging:

> Im übrigen aber gelten die Deutschen in Irland als tüchtige Leute, die es faustdick hinter den Ohren sitzen haben, sich nicht vor Tod und Teufel fürchten, schrecklich arbeitsam sind und den Iren gut Freund. Und das sind wir denn ja auch. Und ich habe mich von Anfang an in Irland so gut wie zu Hause gefühlt, habe gern von dem Wohlwollen gezehrt, mit dem der deutsche Name trotz aller vermeintlichen und tatsächlichen deutschen Schlechtigkeiten in Irland genannt wird, und mich bemüht, auf meine bescheidene Weise dem Wohlwollen neue Nahrung zu geben.[20]

Der Höhepunkt solcher Tendenzen ist die erschreckende Nonchalance, mit der Johann über deutschen Bombenterror im Krieg hinweggeht:

> Zweimal sind während des vergangenen Krieges in Dublin Bomben gefallen, deutsche Bomben. Aus Versehen natürlich, denn die Republik Irland war während des Krieges neutral; sie war und ist Deutschland und den Deutschen wohl gesonnen. Deutsche Flieger, die Glasgow angreifen sollten oder Liverpool, hatten sich verirrt und warfen ihre Bomben auf den nächstbesten Platz, der beleuchtet war – das war unglücklicherweise das freundlich neutrale Dublin,

---

18 Heiko Thomsen, „Warum in die Ferne schweifen ...? Nachrichten von Arno Schmidt und A. E. Johann“, in Ulrich Klappstein / Heiko Thomsen (Hg.), *„Potz Louis Harms & Candaze!“ Texte zu Arno Schmidts* Die Schule der Atheisten (Dresden: Neisse 2021), S. 463-477, hier S. 468.

19 Johann, *Heimat der Regenbogen*, a.a.O., S. 54.

20 Ebd., S. 53 f.

> die Hauptstadt Eires, das auch 1944 nicht mehr in den Krieg gegen Deutschland eintrat.
>
> Die Iren in Dublin [...] sind sogar der entgegenkommenden Ansicht, die deutschen Bombenflugzeuge wären über England angeschossen gewesen und hätten sich ihrer Bomben entledigen müssen; sie hätten aber ihre peinlichen Grüße von oben so placiert, daß kein Schaden angerichtet wurde.[21]

Tatsächlich wurden bei einem deutschen Bombenangriff auf eine Molkerei am 26. August 1940 in der Ortschaft Campile im Südosten Irlands drei Frauen getötet[22]; bei einem von mehreren Bombenabwürfen über Dublin starben am 31. Mai 1941 sogar 28 Menschen[23], die launigen und selbstgefälligen Formulierungen Johanns sind also mehr als unangebracht. Seinen Lesern von 1953 mögen Passagen wie die zitierten angenehm in den Ohren geklungen haben, wurden sie doch summarisch von aller Schuld an den „Schlechtigkeiten" der Nazi-Zeit exkulpiert; daß *Heimat der Regenbogen* noch bis in die 80er Jahre in Neuausgaben hohe Auflagen erzielt, wirft allerdings kein gutes Licht auf die stetig steigende Zahl deutscher Irland-Fans.

Ende Juli / Anfang August 1953 erscheint in der *Frankfurter Allgemeinen Zeitung* eine weitere Artikelserie von Peter Grubbe, wobei auch problembehaftete Themen wie die irische Landflucht zur Sprache kommen; diese wie auch die schon im Sommer 1950 erschienenen Artikel baut der Autor anschließend zum zweiten Irland-Buch aus, das in der Bundesrepublik erscheint, nämlich unter dem Titel *Wo die Zeit auf Urlaub geht* im Bücherherbst 1954[24]. Dieses Buch ist weitaus faktenorientierter als dasjenigen A. E. Johanns und auch das spätere Heinrich Bölls; im Stil nicht eines Reiseschriftstellers, sondern eher eines landeskundlichen Reporters bereist der Autor die ganze Insel (auch Nordirland), führt Interviews mit bekannten und unbekannten Personen und mischt Landschafts- und Ortsbeschreibungen mit Zahlen, Daten und Hintergrundinformationen. Daß gerade dieses informative Buch im Gegensatz zu den schwärmerischeren von Johann und Böll nie neu aufgelegt wird, hat einerseits gerade mit diesem Faktenreichtum zu

---

21 Ebd., S. 119.

22 Vgl. Dwyer, *Guests of the State*, a.a.O., S. 33 f.

23 Vgl. Manfred Fischer, „Mai 1941 – Deutsche Bomben auf Dublin", in *irland journal* XXII.4 (2011), S. 42-46, hier S. 44.

24 Vgl. Peter Grubbe, *Wo die Zeit auf Urlaub geht. Irland, die Insel der Elfen, Esel und Rebellen* (Wiesbaden: Brockhaus 1954).

tun, denn Fakten veralten und verhindern jede ‚Zeitlosigkeit' der Darstellung; andererseits wäre allerdings auch die Person des Autors ein Grund, von Neuausgaben abzusehen. Peter Grubbe arbeitet in London als Auslandskorrespondent zunächst für die *Frankfurter Allgemeine Zeitung* (1949-53) und anschließend für die *Welt* (bis 1958), später wird er Redakteur beim *Stern* und bei der *Zeit*, arbeitet auch für den Rundfunk und profiliert sich als linksliberaler Autor, was sich in seinem Irland-Buch darin ausdrückt, daß er weder in die genreübliche Verdammung Englands einstimmt noch Irland aus prononciert britischer Perspektive betrachtet, sondern abwägende Urteile formuliert. Allerdings hat Peter Grubbe diesen Namen und die damit verbundene Identität erst 1945 angenommen, um der Verfolgung als Kriegsverbrecher zu entgehen; unter seinem realen Namen Claus Peter Volkmann (1913-2002) ist er im besetzten Polen maßgeblich an Judendeportationen und Greueltaten verschiedener Art beteiligt gewesen, und seine Parteikarriere belegt, daß er früh ein überzeugter Faschist ist und bis 1945 die Nazi-Ideologie vertritt. Ermittlungen gegen den nunmehr als Grubbe agierenden Volkmann wegen Mordes und Beihilfe zum Mord werden erst in den 60er Jahren aufgenommen und verlaufen im Sande; bis zu seinem Tod 2002 wird Volkmann / Grubbe nicht belangt.[25] Grubbes Buch über Irland wird schon von den Zeitgenossen weniger beachtet als die Bücher Johanns und Bölls, trägt ihm aber noch eine Einladung zur Mitarbeit am ersten Irland-Heft der Zeitschrift *Merian* ein, wo als sein wohl letzter Beitrag zum Thema eine Reportage über den Norden der Insel erscheint[26].

Eine neue Zeitrechnung des deutschen Blicks auf Irland beginnt ebenfalls in der *Frankfurter Allgemeinen Zeitung* am Heiligabend des Jahres 1954, als unter dem Doppeltitel „Tagebuch aus Irland / Der erste Tag" die erste Lieferung einer Artikelfolge von Heinrich Böll über seine jüngst erfolgte erste Irland-Reise erscheint. Eigentlich war Böll vom *Sonntagsblatt* in Hamburg gebeten worden, „uns gelegentlich Eindrücke aus Irland mitzuteilen, Vergleiche, die Sie entweder drüben oder mit unsren Verhältnissen anstellen,

---

25 Vgl. als Überblick <https://de.wikipedia.org/wiki/Claus_Peter_Volkmann> sowie weiterführend Ulrich Völklein, *Die verweigerte Schuld. Gespräche mit einem Täter. Wie aus dem NS-Kreishauptmann Claus Volkmann der linksliberale Publizist Peter Grubbe wurde* (Hamburg: Deutsche Zeitgeschichte 2000).

26 Vgl. Peter Grubbe, „Jenseits der Grenze", in *Merian. Das Monatsheft der Städte und Landschaften* 12.4 (1959), S. 15-18.

oder Beobachtungen im geistig-künstlerischen Leben"[27], hatte dort sogar schon zugesagt, aber dann nach Erhalt einer ähnlichen Einladung von Karl Korn, dem *FAZ*-Feuilletonchef, doch das Blatt mit der größeren Verbreitung vorgezogen.

Der Fall Heinrich Böll macht deutlicher als alles andere, worin die Attraktivität Irlands für Deutsche (insbesondere solche, die mit Zustand und Perspektive ihres eigenen Landes nicht zufrieden sind) in den frühen 50er Jahren besteht. Bölls erste Reise nach Irland im Herbst 1954 ist primär eine Flucht aus Deutschland und vor privaten Verstrickungen in einer Phase der körperlichen, mentalen und finanziellen Erschöpfung; die ohne seine Familie unternommene Reise zielt auf eine Befreiung des Kopfes von Sorgen und Bedrängnissen. Irland fasziniert ihn, seit er als Kind irische Elfenmärchen gelesen hat, und die Chance, aus dieser Faszination Realität werden zu lassen, ergibt sich unverhofft, als Böll in einer Buchhandlung Moira Fleischmann kennenlernt, eine zeitweise in Köln wohnhafte Irin, die nicht nur sogleich den Kontakt zum irischen Gesandtschaftssekretär Aedan O'Beirne in Bonn herstellt, damit Böll die nötigen Papiere beschaffen kann, sondern ihm auch gleich eine kostenlose Unterkunft in Dublin vermittelt, nämlich bei ihrem Mann Georg (oder George) Fleischmann, einem ehemaligen Kriegsinternierten, der in Irland Karriere als Kameramann macht (im Kapitel „Offener Vollzug" werde ich auf ihn zurückkommen). Böll verbringt vier Wochen bei ihm und begleitet ihn auf meist berufsbedingten Ausflügen nach Limerick und Killarney sowie auf eine Insel im Lough Ree (einem See im Lauf des Shannon); ohne Fleischmann fährt Böll zum Grab von Yeats nach Drumcliffe.[28] Das touristische Zentrum Killarney steht auf

---

27 *Sonntagsblatt* (Hamburg) an Heinrich Böll, Eingang 5. Oktober 1954, zitiert nach Birgit Boge, *Die Anfänge von Kiepenheuer & Witsch. Joseph Caspar Witsch und die Etablierung des Verlags (1948-1959)* (Wiesbaden: Harrassowitz 2009), S. 185. – Der Brief Karl Korns ist auf den 3. Dezember 1954 datiert; vgl. ebd.

28 Vgl. Gisela Holfter, *Heinrich Böll and Ireland* (Newcastle: Cambridge Scholars Publishing 2011), S. 27 f.; Jochen Schubert, „‚... war das nicht ein Prachtbürschchen?' Heinrich Bölls *Irisches Tagebuch*", Nachwort in Heinrich Böll, *Irisches Tagebuch + Dreizehn Jahre später*, hg. v. René Böll (Köln: Kiepenheuer & Witsch 2007), S. 151-195, hier S. 153. – Als Gegenleistung für die hilfreichen Dienste vermittelt Böll Möglichkeiten zur Rundfunkmitarbeit an Moira Fleischmann-Moore; vgl. „About Moira Bailis", in David Messineo (Hg.), *The Antidote to Prejudice. The Collected Poems of Moira*

dem Reiseplan, weil Fleischmann dort Wochenschau-Aufnahmen von der Weltmeisterschaft im Pflügen machen will[29]; wie dem *Spiegel* zu entnehmen ist, findet diese Meisterschaft am 9. und 10. Oktober 1954 statt und ist auch Anlaß für eine 14tägige Dienstreise des 29jährigen Josef Ertl, zu dieser Zeit Landesjugendreferent im bayerischen Landwirtschaftsministerium[30] und sehr viel später in der sozialliberalen Koalition Bundeslandwirtschaftsminister. Irland gefällt Böll so gut, daß er im darauffolgenden Jahr wieder dorthin reisen möchte, diesmal mit seiner Familie; Fleischmann vermittelt ihm dafür eine Unterkunft auf Achill Island im entlegensten Westen[31] – diese Insel wird fortan Bölls Refugium.

Die einerseits sehr impressionistische, andererseits mit diversen literarischen Verweisen angereicherte irische Skizze Bölls, in der er sich selbst als „Der Fremde“[32] recht desorientiert durch Dublin irrend schildert, ist zwar „Der erste Tag“ überschrieben, aber nicht unbedingt als Anfang einer Serie geplant; als der Text aber Zuspruch findet, schreibt Böll weitere Skizzen über Dublins Kirchen[33], Limerick[34] und eine skurrile Begegnung auf der

---

Bailis, Bd. 1 (Pittsburgh: The Poet’s Press 2011), S. 238-241, hier S. 239. So bringt der Nordwestdeutsche Rundfunk am Abend des 27. Oktober 1954 von ihr den Beitrag „John Millington Synge und sein Werk“, und auch im *Hamburger Anzeiger* publiziert die Journalistin in dieser Zeit. – Die Ehe mit Fleischmann wird später geschieden; ab 1963 lebt Moira Bailis, wie sie nun heißt, mit ihrem zweiten Mann in Amerika und schreibt vornehmlich Lyrik.

29 Vgl. Heinrich Böll, „Annäherung an Irland. Briefe (1954-56)“, in ders., *Rom auf den ersten Blick. Landschaften • Städte • Reisen* (Bornheim-Merten: Lamuv 1987), S. 64-80, hier S. 64 (Brief vom 7. Oktober 1954).

30 Vgl. die Kurzmeldung in *Der Spiegel* 43 (19. Oktober 1954).

31 Vgl. Holfter, *Heinrich Böll and Ireland*, a.a.O., S. 39 f.

32 Heinrich Böll, „Tagebuch aus Irland. Der erste Tag“, in *Frankfurter Allgemeine Zeitung*, 24. Dezember 1954; mit dieser Formulierung beginnt der Text und schließt mit dem Satz: „Nachdenklich bestieg der Fremde den Bus.“ In der verkürzten Fassung dieser Skizze, die später unter dem Titel „Ankunft II“ im *Irischen Tagebuch* abgedruckt wird, ist aus dem desorientierten „Fremden“ ein staunendes „Ich“ geworden und die markante Rahmung entfallen.

33 Vgl. „Bete für die Seele des Michael O’Neill. Aus dem Irlandtagebuch von Heinrich Böll“, in *Frankfurter Allgemeine Zeitung*, 26. Februar 1955; auch in dieser Skizze bezeichnet die Textstimme sich

Insel im Lough Ree, bei der jener „pensionierte englische Oberst“[35] einen kleinen Auftritt hat, den Böll später Arno Schmidt als möglichen Vermieter einer Unterkunft vermitteln will. Die Publikation der irischen Skizzen des schon namhaften Romanciers Böll führen dazu, daß dieser sogleich als Irland-Experte angesehen wird, und als der *Spiegel* im März 1955 vermeldet, Böll wolle „Noch in diesem Jahr [...] mit seiner fünfköpfigen Familie für längere Zeit nach Irland übersiedeln, um dort zu arbeiten – am Rande des europäischen Kultur-Karussells“[36], ist die Paarung Bölls mit Irland perfekt, ungeachtet der Tatsache, daß Böll tatsächlich nie fest nach Irland auswandert, sondern dort lediglich teils kürzere, teils auch längere Urlaube verbringt und schließlich auf Achill Island ein Häuschen kauft.

Als Früchte der Aufenthalte Bölls in Irland 1955 und 1956 entstehen weitere Reiseskizzen, die überwiegend in der *Frankfurter Allgemeinen Zeitung* abgedruckt werden, und schließlich erscheint im Mai 1957 unter dem Titel *Irisches Tagebuch* die komplette Sammlung in Buchform, mehr oder weniger stark nachbearbeitet. Die fast ausnahmslos freundlichen, wenn nicht gar enthusiastischen Rezensenten verstehen das Buch als „Befreiung“ aus deutschen Problemen und Werk der „schriftstellerischen Imagination“, bei der man nicht wisse, „was Dichtung und was Wahrheit ist“[37]; meistens merken sie immerhin, Böll habe „nicht Irland entdeckt, sondern *sein* Irland.“[38] Nur wenige Rezensenten kennen sich in der Materie hinreichend aus, um feststellen zu können: „Bölls *Irisches Tagebuch* ist ein sehr schönes Buch, aber für den, der Irland kennt, auch ein sehr ärgerliches Buch.“[39] Der

---

in der Er-Erzählrede der Zeitungsfassung als „Fremder“, was später in der Buchfassung eliminiert wird.

34 Vgl. Heinrich Böll, „Porträt einer irischen Stadt“, in *Frankfurter Allgemeine Zeitung*, 26. März 1955; hier ist die Erzählstimme erstmals kein „Fremder“ mehr, sondern ein „Berichtender“, und Böll wechselt zur ersten Person, die er fortan beibehält.

35 „Auf der kleinen Insel ... Aus dem Irland-Tagebuch von Heinrich Böll“, in *Frankfurter Allgemeine Zeitung*, 14. Mai 1955.

36 Anon., „Absage an das große Geld“, in *Der Spiegel* 11 (9. März 1955).

37 Curt Hohoff, „Bölls *Irisches Tagebuch*. Ein Autor hat sich freigeschwommen“, in *Rheinischer Merkur*, 12. Juli 1957.

38 Günter Blöcker, „Heinrich Böll und Irland“, in *Tagesspiegel*, 21. Juli 1957.

39 Enno Stephan, „Heinrich Böll: *Irisches Tagebuch*“, in *dpa-Buchbrief*, 9. September 1957.

seit etlichen Jahren in Irland lebende Arzt Georg Rosenstock bemängelt scharf, Böll habe die fatale Rolle der allgegenwärtigen Priesterschaft in der irischen Gesellschaft viel zu nachsichtig behandelt und gebe die Iren durch seine verniedlichende Zeichnung der Lächerlichkeit preis.[40]

Tatsächlich liegt das Problem an Bölls *Irischem Tagebuch* nicht primär darin, daß Fakten fehlen oder falsch dargestellt werden und daß Böll angebliche irische Redensarten erfindet, die auch heute, 65 Jahren später, von begeisterten Irlandfahrern noch für authentisch gehalten werden – eine entsprechend begründete Ablehnung des Buches[41] läßt sich partiell immerhin mit dem Hinweis auf „die eigentliche Intention Bölls" aushebeln, „der die Irlandbeschreibung für seine Kritik an der deutschen Wirklichkeit instrumentalisiert."[42] Bölls *Irisches Tagebuch*, heißt das, ist kein Buch über Irland, sondern ein Buch über Deutschland – allerdings auf Kosten der Iren, die als Staffage für deutsche Wunschträume mißbraucht werden. Das eigentliche Problem liegt darin, daß die sicherlich positiv und sogar offen idealisierend gemeinte Beschreibung irischer Verhältnisse und Charaktere die Iren zu so etwas wie erwachsenen Kindern herabwürdigt – zu einer modernen Spielart der altbekannten ‚edlen Wilden', zu Naivlingen, die gar nicht wissen, wie glücklich sie in ihrer Armut und Einfachheit leben, weswegen dann erst der gute Deutsche kommen muß, um es ihnen zu erklären:

> „Ich glaube", sagte ich, „daß ihr glücklicher seid, als ihr wißt. Und wenn ihr wüßtet, wie glücklich ihr seid, würdet ihr schon einen Grund finden, unglücklich zu sein. Ihr habt viele Gründe, unglücklich zu sein, aber ihr liebt auch die Poesie des Unglücks – auf dein Wohl."[43]

Böll romantisiert wettsüchtige und trinkende Familienväter[44] und die vom Gesetzeshüter heimlich bevorzugte „Außergesetzlichkeit des Freiheits-

---

40 Vgl. Georg Rosenstock, „Manche Länder muß man dreimal sehen", in *Die Welt*, 8. Juni 1957.

41 Vgl. Gabriele Haefs, *Das Irenbild der Deutschen. Dargestellt anhand einiger Untersuchungen über die Geschichte der irischen Volksmusik und ihrer Verbreitung in der BRD* (Frankfurt a.M.: Lang 1983), S. 34-42.

42 Dohmen, *Das deutsche Irlandbild*, a.a.O., S. 153.

43 Heinrich Böll, „Ambulanter politischer Zahnarzt", in ders., *Irisches Tagebuch + Dreizehn Jahre später*, a.a.O., S. 49-53, hier S. 49.

44 Vgl. Heinrich Böll, „Porträt einer irischen Stadt", ebd., S. 54-66, hier S. 60 f.

kämpfers“[45], freut sich über den „Eindruck einer überwältigenden Frömmigkeit“[46], der ihm überall entgegenschlägt, hält es für „gut, in der Bibel nachzuschlagen“[47]; hingegen empfindet er die mitteleuropäischen Segnungen der Moderne „als Blasphemie“[48] und geißelt ihre Anhänger als „die neuzeitlichen Mißgeburten, die keine Zeit haben“[49]. Den Iren wird pauschal eine „poetische Begabung“[50] bescheinigt, die „ihr hübsches Gesicht und ihre schlechten Zähne“[51] nicht beinträchtigen können, und nicht nur ihre „Trinkfreudigkeit“ betrachtet Böll als „etwas Kindisches“[52], eine entwaffnende Formulierung, mit der Böll einerseits alle von ihm wortreich bebilderten Phänomene (den Kinderreichtum aufgrund unbekannter Empfängnisverhütung, die Neigung zu romantischen Sentimenten und blühender Phantasie, die Begriffsstutzigkeit und naive Realitätsabwehr) zu beneidenswerten Vorzügen deklariert, andererseits aber auch das holzschnittartige Klischeebild der Iren als ebenso liebens- wie eigentlich doch belächelnswerter Karikaturen zeichnet. Es kann nicht verwundern, daß die Ausstrahlung von Bölls die Perspektive des *Irischen Tagebuchs* fortführendem Film *Irland und seine Kinder* (1961) in Irland 1965 äußerst empörte Reaktionen (bis hin zur Forderung, die deutsche Regierung müsse sich entschuldigen) hervorruft[53] – eine Wiederholung gut vier Jahrzehnte später führt dann allerdings auch in Irland zu einer freundlicheren Einschätzung, dies wohl, weil man nun in Bölls Bild von Irland eine verklärte Vergangenheit ausmacht, die lange überwunden ist. Bölls Klischeebild, heißt das, wird in dem Moment akzeptiert, in dem man nicht mehr in einer Realität lebt, an der dieses Klischee zu messen ist und sich disqualifiziert.

Arno Schmidt hat Heinrich Bölls *Irisches Tagebuch* ebensowenig gekannt wie die allermeisten Veröffentlichungen über Irland, die in den 50er Jahren

---

45 Heinrich Böll, „Der tote Indianer in der Duke Street“, ebd., S. 90-95, hier S. 90.

46 Heinrich Böll, „Ankunft II“, ebd., S. 17-23, hier S. 20.

47 Heinrich Böll, „Betrachtungen über den irischen Regen“, ebd., S. 74-77, hier S. 75.

48 Böll, „Porträt einer irischen Stadt“, a.a.O., S. 55.

49 Heinrich Böll, „Als Gott die Zeit machte ...“, ebd., S. 67-73, hier S. 68.

50 Heinrich Böll, „Redensarten“, ebd., S. 127-130, hier S. 128.

51 Heinrich Böll, „Abschied“, ebd., S. 131-138, hier S. 137.

52 Heinrich Böll, „Wenn Seamus einen trinken will ...“, ebd., S. 100-105, hier S. 104.

53 Vgl. Holfter, *Heinrich Böll and Ireland*, a.a.O., S. 4.

in der Presse oder in Buchform erschienen sind; dennoch kann das so entstandene deutsche Bild von Irland auch auf Schmidts Vorstellungen von dem ihm unbekannten Land nicht ohne Einfluß geblieben sein. Das, was sich ihm auf diese Weise an Klischees, Halbwahrheiten und vielleicht auch einzelnen zutreffenden Fakten vermittelt, reicht immerhin hin, um ihm die Möglichkeit der Auswanderung nach Irland als wünschenswert erscheinen zu lassen. Und wenn Bölls Faszination für Irland sich ursprünglich eher seinem Impuls verdankt, zu Deutschland auf Distanz zu gehen, als dem Wunsch, unbedingt nach Irland zu kommen, weswegen das *Irische Tagebuch* wie gezeigt auch eher ein implizites Buch über Deutschland als ein explizites Buch über Irland ist, dann entspricht das weitgehend dem Ansatz Arno Schmidts, dessen Gedankenspiel, nach Irland auszuwandern, primär auf seiner Einschätzung der Beschaffenheit Deutschlands beruht und allenfalls nachrangig auf seinem Bild von der Beschaffenheit Irlands.

Gedankenspiele mit Ernst Kreuder

Erste Auswanderungspläne 1953-55

In den Jahren nach Ende des Zweiten Weltkriegs ist das Thema Auswanderung für viele Menschen zumindest eine Überlegung wert, und auch im näheren Umfeld Arno Schmidts und seiner Frau gibt es Personen, die solche Überlegungen in die Tat umsetzen. So notiert Alice Schmidt unter dem 13. November 1948 in ihrem Tagebuch:

> Anna, Agnete & Martha Pauls verabschieden sich, Montag fahren sie ins Abtransportlager für Kanada. Daß wir neidlos wären, wäre gelogen. Mich packt gewaltige Reiselust. Anschließend natürlich mit A. unvermeidliches Gespräch über Auswanderung (Ob wirs noch schaffen? A. sieht schwarz. Der verfluchte Rowohlt!) Südhalbkugel, das wäre das Rechte. Wäre es nur erst soweit![1]

Um möglichst weit weg von den vermuteten Schauplätzen befürchteter weiterer Kriege zu kommen, hat Schmidt Weltgegenden wie Patagonien oder die Inseln des Südatlantik im Sinn, eine Präferenz, die die Chancen der Durchführbarkeit durchaus verringert; später schwenkt Schmidt auf Kanada um, und schließlich kommen auch europäische Länder ins Spiel. Der früheste bisher bekannte Hinweis auf Erwägungen Arno Schmidts, nach Irland auszuwandern, findet sich in einem Tagebucheintrag seiner Frau vom 20. Oktober 1953. Alice Schmidt fragt ihren Mann: „Wo willst du nun hin. Schweiz oder Irland? Oder?“; Arno Schmidt antwortet: „Zunächst wohl Schweiz, weil sie deutschsprachig ist. 5 Jahre dortbleiben. Schw. Staatsbürgerschaft erwerben, dann über's Wasser!“[2] Zur Debatte stehen also die beiden einzigen neutralen Staaten Westeuropas. Einen Monat zuvor, am 19. September, hat Schmidt Kontakt mit dem Schweizerischen Generalkonsulat aufgenommen und sich nach den Modalitäten eines Umzugs in die Schweiz erkundigt; in der Folge beantragt er die für eine solche Übersiedlung erfor-

---

1 Alice Schmidt, *Die Tagebücher der Jahre 1948/49*, hg. v. Susanne Fischer (Berlin: Suhrkamp 2018), S. 34 f. (Eintrag vom 13. November 1948).

2 Alice Schmidt, Tagebucheintrag vom 20. Oktober 1953, zitiert nach Arno Schmidt, *Briefwechsel mit Kollegen*, hg. v. Gregor Strick (Frankfurt a.M.: Suhrkamp 2007), S. 15 (Anmerkung zu Brief Nr. 11 vom 22. November 1956).

derlichen Strafregisterauszüge für sich und seine Frau, doch offenbar verfolgt er diesen Plan dann nicht weiter und verzichtet darauf, ein Antragsformular „Gesuch um Bewilligung der Einreise in die Schweiz" auszufüllen.[3] In Bezug auf Irland werden so konkrete Schritte einstweilen noch nicht unternommen, doch am 5. November 1953 beschäftigt Schmidt sich ausweislich des Tagebuchs seiner Frau wiederum mit Erwägungen einer Auswanderung nach Irland, ausgelöst durch Probleme, seinen neuesten Kurzroman „Seelandschaft mit Pocahontas" publiziert zu bekommen.[4]

Ein Jahr später, vom 16. bis zum 30. November 1954, schreibt Schmidt den ersten Teil seines Romans *Das steinerne Herz*, es folgt bis zum 6. Dezember die Reinschrift. In diesem ersten Teil des Romans ist Irland markantes Thema (worauf ich im nächsten Kapitel gesondert eingehe); plausibel erscheint es, daß Schmidt seine Pläne einer möglichen Auwanderung dorthin in der Zwischenzeit weiterverfolgt und womöglich sogar konkrete Schritte unternommen haben könnte, um sich zumindest über das Land zu informieren. Bei dem *Ireland Guide*, der sich in Schmidts Nachlaßbibliothek befindet, handelt es sich um die Ausgabe 1954 dieses jährlich in Neuauflage erscheinenden Führers[5]; Schmidt dürfte sich den Band eher mit Blick auf seine Auswanderungserwägungen besorgt haben als speziell für die Arbeit an *Das steinerne Herz*, auch wenn der *Ireland Guide* darin dann seine Spuren hinterläßt.

Vom 8. bis zum 10. Februar 1955 ist der zu dieser Zeit recht namhafte Romanautor Ernst Kreuder zu Gast bei Schmidt in Kastel; Schmidt hegt Sympathien für diesen Kollegen, seitdem er ihn bei der Entgegennahme des Großen Literaturpreises der Akademie der Wissenschaften und Literatur in Mainz kennengelernt hat, zumal er weiß, daß Kreuder als Juror an der Preisentscheidung zugunsten Schmidts maßgeblich beteiligt war. Am zweiten

---

3 Vgl. Axel Dunker (Hg.), *Arno Schmidt (1914-1979). Katalog zu Leben und Werk* (München: edition text + kritik 1990), S. 70 (Abdruck des Briefs vom 19. September 1953 und weitere Angaben).

4 Vgl. Alice Schmidt, Tagebucheintrag vom 5. November 1953, zitiert nach Josef Huerkamp, *„Die große Kartei". Enzyklopädie zu Arno Schmidts Roman „Das steinerne Herz"* (München: text + kritik 2011), S. 235.

5 Vgl. *Ireland Guide*, published by Fogra Failte, the National Tourist Publicity Organisation for Ireland, Second Edition (Dublin: Fogra Failte o.J. [1953 oder 1954]). Die im Verzeichnis von Schmidts Nachlaßbibliothek angegebene Datierung „um 1960" ist unzutreffend.

Nachmittag kommt man auf die düsteren Zeitumstände angesichts des Führungswechsels in der Sowjetunion zu sprechen, wie Alice Schmidt in ihrem Tagebuch festhält:

> Radiomeldung. Malenkow zurückgetreten und Marschall Bulganin neuer Ministerpräsident. Politisches Gespräch: Das sieht nun böse aus. SPD sagt, Deutschland würde sich noch mal der verpaßten Gelegenheit [einer deutschen Wiedervereinigung] unter Malenkow schwer sehnend erinnern. Man müßte nach Irrland. Kr. hat dort bekannte, will hinfahren, sehn obs nicht ginge.[6]

Damit gerät das Gedankenspiel einer Auswanderung des Ehepaars Schmidt nach Irland nun erstmals zumindest in die Nähe eines realen Projekts und überschreitet gleichzeitig die engen Grenzen des innerehelichen Gesprächs. Kreuder stellt sich offenbar vor, nicht etwa allein, sondern zusammen mit Schmidt zu einer Erkundungstour aufzubrechen; am 11. März vermeldet er an den Kollegen Heinrich Böll, er habe mit Schmidt abgemacht, noch im laufenden Jahr gemeinsam nach Irland zu reisen und die Möglichkeiten einer Wohnsitznahme dort zu erkunden.[7]

Kreuders Brief an Böll ist eine unmittelbare Reaktion auf den Artikel „Absage an das große Geld“ im *Spiegel* vom 9. März, eine Rezension von Bölls Hörspiel *Zum Tee bei Dr. Borsig*, die mit dem kurzen Hinweis schließt: „Die Absage an den Betrieb und das große Geld bleibt bei Böll nicht Theorie. Noch in diesem Jahr will er mit seiner fünfköpfigen Familie für längere Zeit nach Irland übersiedeln, um dort zu arbeiten – am Rande des europäischen Kultur-Karussells.“[8] Nach Lektüre des Artikels nimmt Kreuder nicht nur Kontakt mit Böll auf, sondern schickt auch Schmidt

---

6 Alice Schmidt, *Tagebuch aus dem Jahr 1955*, hg. v. Susanne Fischer (Berlin: Suhrkamp 2008), S. 46 (Eintrag vom 9. Februar 1955).

7 Vgl. Schmidt, *Briefwechsel mit Kollegen*, a.a.O., S. 90 (Anmerkung zu Brief Nr. 90 vom 25. April 1955). In dem Brief an Böll schreibt Kreuder zu den Gründen der Auswanderungsüberlegungen: „Als ich heute vor 4 Wochen bei Arno Schmidt in Kastel war, unterhielten wir uns auch über einen kommenden, unausbleiblichen Krieg und besprachen die Exil-Möglichkeiten. Arno Schmidt meinte (er ist nicht nur geografisch voller Wissen), es kämen nur noch zwei Länder in Frage, die atomsicher blieben, Indien und Irland.“ (Ebd., S. 19; Anmerkung zu Brief Nr. 13 vom 28. November 1956.)

8 Anon., „Absage an das große Geld“, in *Der Spiegel* 11 (9. März 1955).

sogleich eine Notiz: „Laut SPIEGEL vom 9.III.55 siedelt Heinrich Böll mit 5köpfiger Familie nach Irland über (!).“[9] Den Erhalt dieses Schreibens kommentiert Alice Schmidt in ihrem Tagebuch: „Auch wir sind fertig! Ausgerechnet der Katholik Böll! Das gibt zu denken! Wenn wir nachkommen! Aber der steht sich finanziell viel besser! Jedenfalls müßte man Verbindung mit ihm aufnehmen.“[10] Schmidt antwortet Kreuder knapp: „(Hat sich das Gerücht von Bölls irischer Auswanderung tatsächlich bestätigt? Das wäre ja eine weitere Bestätigung dafür, daß wir bei Ihrem Besuch durchaus richtig geplant geplant haben!).”[11] Es steht also jetzt tatsächlich ‚Planung‘ im Raum, und bemerkenswert ist die von Alice Schmidt notierte, vermutlich aber die Reaktion ihres Mannes spiegelnde Formulierung: „Ausgerechnet der Katholik Böll!“ Auf die Zustände in Irland bezogen ist das Erstaunen unangebracht, da Irland ja nun gerade ein betont katholisches Land ist; tatsächlich bezieht sich das Erstaunen auf die Zustände in Deutschland, einem Land, in dem – so scheint Schmidt zu folgern – selbst ein katholischer Autor mit der Obrigkeit in Konflikt geraten muß. Dies heißt gleichzeitig, daß die hauptsächliche Triebfeder des Auswanderungswunsches bei Schmidt spätestens zu diesem Zeitpunkt nicht mehr die Angst vor einem kommenden Krieg in Mitteleuropa ist (der naturgemäß einen Katholiken nicht verschonen würde), sondern die primäre Triebfeder ist die Angst vor einem politischen Klima, in dem Schmidt seine Texte nicht mehr ungefährdet publizieren kann. Diese Befürchtung wird schon wenige Wochen später durch das Strafverfahren gegen die „Seelandschaft mit Pocahontas“ noch zusätzlich geschürt. In seinem Zeitungsfeuilleton „Der Dank des Vaterlandes“, geschrieben am 29. April 1955, bringt Schmidt das Thema publizistisch zur Sprache:

> ich schlage die neueste Nummer des »Spiegel« auf: ich lese darin, daß Heinrich Böll im Begriff ist, nach Irland auszuwandern! Warum

---

9 Schmidt, *Briefwechsel mit Kollegen*, a.a.O., S. 87 (Brief Nr. 89 vom 12. März 1955).

10 Alice Schmidt, *Tagebuch aus dem Jahr 1955*, a.a.O., S. 76 (Eintrag vom 14. März 1955).

11 Schmidt, *Briefwechsel mit Kollegen*, a.a.O., S. 89 (Brief Nr. 90 vom 25. April 1955); das doppelte „geplant“ steht tatsächlich so im Brief, ist sicherlich ein nicht intendierter Vertipper Schmidts, unterstreicht aber die Ernsthaftigkeit einer tatsächlichen Planung.

> wohl?: ich sage Euch, trommelt nicht auf Eure Brüste, sondern schlagt an sie: warum wohl??!![12]

Daß es mit der „Seelandschaft“ zu solchen Komplikationen kommen könnte, zeichnet sich schon vorher ab, nämlich in Gestalt einer Boykottdrohung katholischer Buchhändler gegen Schmidt und die von Alfred Andersch herausgegebene Zeitschrift *Texte und Zeichen*, in der die „Seelandschaft“ erschienen ist. Anderschs Meldung von diesen Drohungen kommentiert Schmidt am 1. März folgendermaßen:

> Der angedrohte Boykott dagegen ist geschäftlich durchaus ernst zu nehmen. Wenn sich in den nächsten Monaten laut Bundestagsbeschluß programmäßig erst wieder »die Germanen erheben«, (und »der Erdball erbeben« wird, wie der stolze Kriegsreim lautete), sehe ich mit höllischem Amüsement dem Schlimmsten entgegen. (In Irland müßte sichs recht smaragdgrün=neutral leben und lästern lassen: wenn die Bundesregierung nur einen Funken Menschenverstand hätte, würde sie uns einen Freifahrschein hinüber schenken – das wäre doch noch ein Gedanke! I will arise and go now ....).[13]

Bei der Schlußformulierung handelt es sich um die erste Zeile des Schmidt seit seiner Schulzeit bekannten Gedichts „The Lake Isle of Innisfree“ von William Butler Yeats; Schmidt imaginiert sich hier also gewissermaßen einen Hüttenbau auf einer idyllischen Insel.

Andersch geht auf das Irlandthema im Briefwechsel zunächst nicht ein, aber anläßlich eines Besuchs Schmidts bei Andersch in Stuttgart am 7. Juni kommt es darüber zu einem kleinen Dissenz, den Alice Schmidt in ihrem Tagebuch festhält. Andersch betont, „Böll wäre nur auf ½ Jahr in Irland. Was er da solle, und überhaupt keine Lebensbedingungen für deutschen Schriftsteller im Ausland.“ Schmidt kontert: „A. solle doch keine Zeitungsartikel sondern Bücher schreiben.“[14] Schmidt verteidigt also ausdrücklich

---

12 Arno Schmidt, „Der Dank des Vaterlandes“, in Bargfelder Ausgabe, Bd. III/3 (Zürich: Haffmans 1995), S. 210-213, hier S. 213.

13 Arno Schmidt, *Der Briefwechsel mit Alfred Andersch. Mit einigen Briefen von und an Gisela Andersch, Hans Magnus Enzensberger, Helmut Heißenbüttel und Alice Schmidt*, hg. v. Bernd Rauschenbach (Zürich: Haffmans 1985), S. 49 (Brief Nr. 45 vom 1. März 1955).

14 Alice Schmidt, *Tagebuch aus dem Jahr 1955*, a.a.O., S. 143 (Eintrag vom 9. Juni 1955).

die Möglichkeit einer Übersiedlung nach Irland – konkrete Schritte allerdings unternimmt er nicht, kommt Kreuder gegenüber nicht auf die erwogene Erkundungsfahrt zurück und reaktiviert auch einstweilen nicht den Kontakt, den er früher bereits (in völlig irlandfernen Zusammenhängen) mit Böll hatte. Die erste Phase seiner Überlegungen einer Auswanderung nach Irland endet und bleibt tatenlos.

Kommen wir dennoch noch einmal auf das Gespräch zwischen Schmidt und Kreuder in Kastel am 9. Februar 1955 zurück, ein Gespräch, über dessen detaillierten Inhalt wir gern mehr wissen würden. Leider faßt Alice Schmidt die Diskussion über Irland nur in einem einzigen dürren Satz zusammen: „Man müßte nach Irrland. Kr. hat dort bekannte, will hinfahren, sehn obs nicht ginge.“[15] Um abschätzen zu können, was Kreuder zum Thema womöglich noch erzählt hat, wäre es wichtig, zu wissen, was das für ‚Bekannte‘ sind, die Kreuder diesem Notat zufolge in Irland hat. Diese Frage ist allerdings nicht ganz leicht zu beantworten. In den publizierten Briefwechseln und Lebenszeugnissen Kreuders findet sich dazu nicht die geringste Spur, auch die ermittelbare unpublizierte Korrespondenz bringt keinerlei Anhalt für einen Kontakt zu Personen, die im fraglichen Zeitraum in Irland leben. Immerhin gibt es aber in Kreuders literarischem Werk Passagen, die in Irland angesiedelt sind, und zwar in seinem zu Lebzeiten unveröffentlichten Roman *Diesseits des Todes*, der 1973 unter dem nicht vom Autor stammenden Titel *Der Mann im Bahnwärterhaus* publiziert wurde. Dem mit Erscheinungen kämpfenden und von Stimmen verfolgten Protagonisten geraten die Orte und Zeiten durcheinander, aus seinem Bahnwärterhaus heraus schweift er ab zu ausufernden Szenen, von denen nicht immer ganz klar ist, ob es sich um Erinnerungen oder Phantasien oder womöglich um eine Mischung aus beidem handelt. Zumindest ein Teil dieser Episoden ist ganz offensichtlich autobiographisch grundiert und greift Geschehnisse aus Kreuders eigenem Erfahrungsschatz auf. Vor diesem autobiographischen Hintergrund gewinnt für unsere Zwecke ein Handlungsstrang besonderes Interesse, der eine Reise nach Irland schildert, auf die der Ich-Erzähler im Rahmen einer Phantasie von seinem toten Vater geschickt wird, und zwar, um sich dort mit einem ebenfalls toten Freund zu treffen:

> „Du sollst Hans Ott besuchen in Pollagh, Achill Island.“
> „Hans Ott ist an Magenkrebs gestorben, vor einem Jahr.“

---

[15] Ebd., S. 46 (Eintrag vom 9. Februar 1955).

> „Du glaubst also noch an Jahre. Kann nicht schaden. Damals lebt er noch, also mach dich auf die Beine. Er freut sich auf deinen Besuch."
> „Wie reist man gegen die Jahre?"[16]

Nach Irland gelangt der Erzähler mit dem Schiff. In welcher Phase seines Lebens er sich befindet, bleibt zunächst unklar, und da die Schilderung immer wieder überblendet wird mit Szenen aus dem Weltkrieg und der Kriegsgefangenschaft, das Schiff zudem als „Auswandererschiff"[17] bezeichnet wird, kann zunächst zumindest nicht ausgeschlossen werden, daß die folgendermaßen geschilderte Ankunft bei Cork im Süden Irlands auf die Zeit des Zweiten Weltkriegs oder der Jahre kurz nach dessen Ende zu datieren ist:

> Das Fährschiff, die schwach beleuchtete Plattform, die Schwimmplatte fuhr heran. Schwankend. Drei Uhr in der Nacht. Unser großer Kasten, die „Arkadia", kam überall mit Verspätung an. 50 000 Bruttoregistertonnen. Nicht ein halbes Dutzend verließ das Auswandererschiff. Die „Arkadia" dampfte nach Kanada weiter. Die vorm Regen ungeschützte Fähre tuckerte durch die nasse Schwärze. Cobh. Schwach erleuchtet die Zollturnhalle. Verschlafene Männer in verschlafenen Uniformen. Durchwühlten Koffer. Das Mitbringen von Verhütungsmitteln wird bestraft. Im Regen, zu Fuß erreichten wir das Hotel „Commodore". Das Gepäck wurde gefahren. Ich verschlief den Rest der Regennacht.[18]

Der weitere Weg in Irland selbst wird in groben Zügen geschildert:

> Nach dem Frühstück erreichte ich noch den Zug im Bahnhof Cork. [...] Ich fuhr beruhigt, der Krieg war vorbei. Die Kriege waren vorbei. In Limerick umsteigen. Am frühen Abend endete die Fahrt in Westport. Auf dem letzten Bahnsteig stand Hans Ott, winkte und grinste. Bleich, mager, sah krank aus.
> Wir kletterten in seinen hellblauen Kombiwagen, fuhren in die kleine Stadt. [...] Fuhren über eine lange Brücke hinüber auf die

---

16 Ernst Kreuder, *Der Mann im Bahnwärterhaus*, Roman (München und Wien: Langen Müller 1973), S. 26.

17 Ebd., S. 31.

18 Ebd., S. 33.

> Insel, Achill Island. Dugort, eine Handvoll Häuschen. Die altmodische Pension an der Landstraße nannte sich „Mountain View“.
> „Die Wirtin“, sagte Hans, „ist fort. Arbeitet in Dublin in einem Hotel. Ich habe den Schlüssel.“[19]

Das Ziel der Reise ist also die in der deutschen Irland-Literatur durch Heinrich Böll hinlänglich bekannte Insel Achill im entlegenen Westen Irlands. Hier spielen sich sämtliche irischen Szenen von Kreuders Roman ab, als hauptsächlicher Gewährsmann tritt der hier erwähnte Hans Ott auf. Später im Roman, nun wieder in der Heimat, wird der Erzähler Tonaufnahmen machen und erläutern: „Ein Bandgerät, aus Irland mitgebracht. Oder hab ichs schon erzählt. Hat mir Hans Ott geschenkt, er ist schon lange tot. Magenkrebs.“[20]

Die auf Achill Island spielenden Passagen in Kreuders Roman sind vielfach fast wortwörtlich identisch mit einem früheren Erzähltext Kreuders, „Schwarze Kühe, schwarzer Torf und schwarzes Bier“, erschienen unter verschiedenen Titeln in diversen Zeitungen Ende 1964 / Anfang 1965, dann 1966 aufgenommen in Kreuders Sammlung *Tunnel zu vermieten* und lange nach Kreuders Tod noch einmal nachgedruckt in dem darauf basierenden Band *Luigi und der grüne Seesack und andere Erzählungen* (1980). Zu den Detailabweichungen dieser früheren Textfassung gehört, daß der Gewährsmann auf Achill Island dort nur beim Vornamen genannt wird:

> Ich holte an der Theke für Hans und mich zwei halbe Stout. [...] Er lebte seit siebzehn Jahren auf dieser Insel. In englischer Gefangenschaft lernte er seine jetzige, irische Frau kennen, die auf der Insel geboren ist. Sie haben fünf Kinder. Hans stammt aus dem Schwäbischen.[21]

Später, in der Romanfassung, werden diese Informationen etwas abgewandelt:

> Hans stammte aus dem südlichen Schwaben. Im Krieg war er in englische Gefangenschaft geraten. Bei Dünkirchen. In England hatte er auf dem Land, bei Bauern gearbeitet. Lernte seine spätere

---

19 Ebd., S. 34.

20 Ebd., S. 98.

21 Ernst Kreuder, „Schwarze Kühe, schwarzer Torf und schwarzes Bier“, in ders., *Luigi und der grüne Seesack und andere Erzählungen* (Frankfurt a.M.: Fischer 1980), S. 95-101, hier S. 97 f.

> Frau kennen, heiratete und zog mir ihr, einer Irin, nach Achill Island.[22]

Das hier aufgeworfene Gefangenschaftsthema ist im Kontext von Arno Schmidts Roman *Das steinerne Herz* von Relevanz, weil dort die Figur Karl Thumann ja „Kriegsgefangener in Irland […] gewesen“[23] ist, was nicht ganz mit Kreuders Figur des Hans Ott zur Deckung zu bringen ist, aber *wenn* Kreuder diesen Hans Ott schon vor dem 9. Februar 1955 gekannt hätte, wäre der sicherlich der erste Kandidat für den Bekannten, den er Alice Schmidts Tagebucheintrag zufolge in Irland haben sollte.

Leider zerschlägt sich diese Theorie bei der weiteren Recherche. Zwar läßt sich ermitteln, daß Hans Ott tatsächlich keine erfundene Figur Kreuders war, sondern eine reale Bekanntschaft; in einem Bericht vom Haifischfang, der auf Achill Island noch in den 50er Jahren des 20. Jahrhunderts einen wichtigen Wirtschaftszweig darstellt, ist zu lesen: „Hans Ott was an ex-prisoner who had married an Achill girl. He was working for a retired Colonel (himself a Japanese prisoner of war) but was released [..] for the shark season.“[24] Kreuder hat ihn aber nach allem, was sich ermitteln läßt, erst 1964 kennengelernt. In diesem Jahr reist Kreuder nach Irland, um seinen Kollegen Heinrich Böll zu besuchen[25], der inzwischen auf Achill ein eigenes Haus besitzt; anders als in der späteren Romanfassung wird Böll von Kreuder in der Erzählungsfassung „Schwarze Kühe, schwarzer Torf und schwarzes Bier“ ausdrücklich erwähnt – der Erzähler macht hier einen Ausflug mit „dem alten großen Wagen, den uns Hein geliehen“[26]. Die Erzählung ist also ein direkter Niederschlag der kurz zuvor absolvierten Reise nach Achill Island, bei der es sich ganz offensichtlich um Kreuders

---

22 Kreuder, *Der Mann im Bahnwärterhaus*, a.a.O., S. 35.

23 Arno Schmidt, *Das steinerne Herz. Historischer Roman aus dem Jahre 1954 nach Christi*, in Bargfelder Ausgabe, Bd. I/2 (Zürich: Haffmans 1986), S. 7-163, hier S. 17.

24 John Townend, *Broad Oceans and Narrow Seas* (Dereham, Norfolk: Larks Press 2000), S. 139. – Ebd., S. 143, wird zudem Otts Rolle bei der Herstellung eines mit einem fatalen Unglück verknüpften Dokumentarfilms über die Fischerei im Jahr 1951 beschrieben.

25 Information nach der Pressemeldung „Deutsches Literaturarchiv erwirbt Liebesbriefe von Ernst Kreuder“, <www.dla-marbach.de/presse/presse-details/news/pm-44-2014>.

26 Kreuder, „Schwarze Kühe, schwarzer Torf und schwarzes Bier“, a.a.O., S. 96.

einzigen jemals erfolgten Aufenthalt in Irland gehandelt hat. Im Katalog des Deutschen Literaturarchivs in Marbach ist ein Brief von Hans Ott und seiner Frau Pauline an Kreuder zu ermitteln, datiert auf den 29. November 1964[27], der in Zusammenhang mit der kurz zuvor beim Besuch Kreuders auf Achill Island geschlossenen Bekanntschaft stehen dürfte. Vor 1964 hat Kreuder Ott nicht gekannt und folglich auch Arno Schmidt nichts von ihm erzählen können. Schon zuvor bekannt war der Mann naturgemäß dem häufigen Achill-Gast Heinrich Böll, allerdings auch erst seit dem 30. Juni 1955; an diesem Tag schreibt Böll seiner Schwester: „Heute haben wir einen langen Ausflug gemacht in eine Bucht, wo die Haifische gefangen werden. [...] Der Chairman (Vorsteher) einer Fischergruppe ist Deutscher, der hierhin geheiratet hat.“[28] Selbst als Kreuders Bekannter vom Hörensagen scheidet Hans Ott damit für den Zeitpunkt des Kreuderschen Besuchs bei Schmidt im Februar 1955 definitiv aus.

Meine These ist allerdings, daß es sich bei Kreuders angeblichem Bekannten in Irland tatsächlich nur um einen Bekannten vom Hörensagen handelte – daß Kreuder also keineswegs jemanden in Irland kannte, sondern nur jemanden kannte, der jemanden kannte. Und dazu gibt es eine andere Spur, die nichts mit Böll und auch nichts mit Achill Island zu tun hat.

Vom 8. bis zum 13. Juni 1953 findet der internationale Jahreskongreß des PEN in Dublin statt. Kreuder ist seit 1951 Mitglied des PEN, hat 1952 am Jahreskongreß in Nizza teilgenommen[29], fährt allerdings nicht nach Dublin; Teilnehmer dort sind für den westdeutschen PEN dessen aktueller Präsident Erich Kästner sowie Rudolf Hagelstange, Hanns Braun, Hans Hennecke, Oskar Jancke, Kasimir Edschmid (der über die Tagung anschließend in der

---

27 Der Brief ist über die Suchmaske des Katalogs (<www.dla-marbach.de/katalog-beta>) schwer aufzufinden, da die Nachnamen der Korrespondenten fälschlicherweise als „Pollagh Keel“ verzeichnet wurden, was tatsächlich die Adreßangabe ist.

28 Heinrich Böll, Brief an seine Schwester Mechthild vom 30. Juni 1955, zitiert nach Jochen Schubert, „‚... war das nicht ein Prachtbürschchen?‘ Heinrich Bölls *Irisches Tagebuch*“, Nachwort in Heinrich Böll, *Irisches Tagebuch + Dreizehn Jahre später*, hg. v. René Böll (Köln: Kiepenheuer & Witsch 2007), S. 151-195, hier S. 166.

29 Vgl. Sven Hanuschek, *Geschichte des bundesdeutschen PEN-Zentrums von 1951 bis 1990* (Tübingen: Niemeyer 2004), S. 79.

Frankfurter Allgemeinen Zeitung und im *Darmstädter Echo* berichtet[30]), Hermann Kesten (der anläßlich der Tagung ein fünfseitiges, wohl ungedrucktes Typoskript verfaßt[31]) und Annette Kolb[32] (die zwei Jahre später in der *Frankfurter Allgemeinen Zeitung* mit dem Wunschtraum zitiert wird, in Deutschland möge sich „ein Irland des Kontinents" schaffen lassen[33]). Inhaltlich wichtig ist der Kongreß vor allem für den Versuch der Klärung des Verhältnisses zwischen west- und ostdeutschem PEN; neben dem Arbeitsprogramm gibt es aber auch Geselligkeiten und Ausflüge, wovon Jancke nach der Rückkehr in der *Zeit* berichtet:

> Der Präsident von Irland gab einen Empfang, dem auch der Ministerpräsident de Valera beiwohnte. Den deutschen Kongreßteilnehmern [...] wurde auch vom deutschen Gesandten Dr. Katzenberger ein Empfang geboten, an dem außer ihnen viele Gäste aus aller Welt teilnahmen. Nicht zuletzt sei der Abend im Heim der Irisch-Deutschen Gesellschaft erwähnt sowie die offiziellen Empfänge der Regierung von Nordirland und der Stadt Belfast. Die herbe irische Landschaft lernte man auf der langen Fahrt nach Südwesten an die herrlichen Killarney-Seen mit ihren blühenden Rhododendron-Wäldern kennen. Bei allen diesen Veranstaltungen ergaben sich die vielen Teilnehmern so erwünschten Kontakte mit Kollegen aus anderen Ländern.[34]

---

30 Vgl. das 5seitige Skript im Archiv des Deutschen Literaturchivs in Marbach: Kasimir Edschmid, „PEN Kongress in Irland [Prosa]", Angaben nach <https://kalliope-verbund.info/DE-2498-HS00485609>. Druckfassungen von unterschiedlicher Länge erschienen in der *Frankfurter Allgemeinen Zeitung* vom 23. Juni 1953 und im *Darmstädter Echo* vom 27. Juni 1953.

31 Vgl. Hermann Kesten, „Der Internationale P.E.N. [Dublin 1953]", Nachlaß in der Münchner Stadtbibliothek, Signatur HK M 118, Angaben nach <https://kalliope-verbund.info/DE-611-HS-1063550>.

32 Vgl. Hans Wagener, *Gabriele Tergit. Gestohlene Jahre* (Göttingen: V & R unipress 2015), S. 163 f.; außerdem Hanuschek, *Geschichte des bundesdeutschen PEN-Zentrums von 1951 bis 1990*, a.a.O., S. 88.

33 Grete Schüddekopf, „Annette Kolb / Zum achtzigsten Geburtstag", in *Frankfurter Allgemeine Zeitung*, 1. Februar 1955; „ein Irland des Kontinents" ist in dem Zitat die Kurzbezeichnung für „eine Zone der Gefahrlosigkeit und der Beruhigung".

34 Vgl. Oskar Jancke, „PEN-Club in Dublin", in *Die Zeit*, 2. Juli 1953.

Für unsere Zwecke von Belang ist der hier erwähnte Ausflug „nach Südwesten an die herrlichen Killarney-Seen“, für den die irische Bahn einen modernen „radio train“ auf die Schiene bringt, der mit einem Rundfunkstudio ausgestattet ist, von dem aus ein Moderator die Reisenden mit Plattenmusik beschallt[35]; diese kurzweilige Unterhaltung dient wohl nicht nur dazu, die modernen Errungenschaften des eher für seine Rückständigkeit bekannten Landes zu demonstrieren, sondern sicherlich auch zur Behebung der auf der mehr als 250 Kilometer langen Strecke drohenden Langeweile. Anhand der zugänglichen Quellen ist die genaue Streckenführung des notwendigerweise mehrtägigen Ausflugs nicht zu klären, möglich wäre eine nördliche Route über Limerick, vermutlich wurde aber die kürzestmögliche Route über den Knotenpunkt Limerick Junction Richtung Cork und dann ein gutes Stück nördlich von Cork der Abzweig nach Killarney gewählt.

Es scheint, daß mindestens ein Kongreßteilnehmer aus der westdeutschen Delegation am Ende des Ausflugs entweder gar nicht nach Dublin zurückgekehrt oder aber von dort nochmals in den Südwesten gereist ist, und zwar Rudolf Hagelstange. Der Katalog des Deutschen Literaturarchivs in Marbach verzeichnet ein Konvolut von Briefen und Postkarten Hagelstanges an den von ihm geschätzten Autorenkollegen Wilhelm Lehmann aus dem Jahr 1953; mindestens eines der Schreiben vermerkt als Ort der Abfassung „Corcaigh“, das ist die irische Namensvariante für Cork, womit neben der Hafenstadt auch die dazugehörige Grafschaft gemeint sein kann.[36] Zu dem Konvolut gehört als Einlage ein Brief von Georg Rosenstock an Lehmann, ebenfalls mit der Ortsangabe „Corcaigh“, datiert auf den 20. Juni 1953, eine Woche nach dem offiziellen Enddatum des PEN-Kongresses.[37] Auch wenn ohne Kenntnis der Briefinhalte viele Fragen ungeklärt bleiben müssen, läßt die Existenz dieser Briefe nur den Schluß zu, daß sich Hagelstange am oder nach dem Ende des PEN-Kongresses im Südwesten Irlands mit Rosenstock getroffen hat. Nicht auszuschließen ist, daß an dem Treffen noch weitere Delegierte der westdeutschen PEN-Abordnung teilgenommen haben; mög-

---

[35] Vgl. Deirdre Brady, „‘Writers and the International Spirit’: Irish PEN in the Postwar Years“, in *New Hibernia Review* 21.3 (Herbst 2017), S. 116-130, hier S. 128.

[36] Vgl. Rudolf Hagelstange, 2 Briefe und 2 Karten an Wilhelm Lehmann aus dem Nachlaß Lehmanns, Angaben nach <https://kalliope-verbund.info/DE-2498-HS00697452>.

[37] Vgl. Georg Rosenstock, Brief an Wilhelm Lehmann aus dem Nachlaß Lehmanns, Angaben nach <https://kalliope-verbund.info/DE-2498-HS00697476>.

lich erscheint zudem, daß Rosenstock in irgendeiner Funktion in den PEN-Kongreß in Dublin oder die abschließende Exkursion nach Killarney involviert gewesen sein könnte – doch die ermittelbaren Quellen geben dazu nichts her, deswegen muß dies Spekulation bleiben. Hagelstange jedenfalls steht mit Lehmann, den er als eine Art Mentor ansieht, mindestens seit 1952 in regelmäßigem Briefkontakt[38] und scheint mit ihm sogar gereist zu sein[39]; womöglich hat Hagelstange Rosenstock animiert, ebenfalls an Lehmann zu schreiben, vielleicht anknüpfend an die Tatsache, daß Lehmann selbst bereits im Juli 1931 eine fast dreiwöchige Reise nach Cork unternommen hat[40].

Daß es sich bei dem Treffen Hagelstanges mit Rosenstock nicht nur um eine kurze Begegnung gehandelt hat, sondern um einen mehrtägigen Trip mit Ausflügen, geht indirekt aus einem launig fiktionalisierten Text Hagelstanges hervor, der 1959 im ersten *Irland*-Heft der Zeitschrift *Merian* erscheint. Diese Erzählung entwirft das zunehmend alkoholisierte Treiben einer Schar illustrer Figuren zunächst auf der Pferderennbahn und in den Bars mehrerer Hotels in Limerick, später im Landhaus einer Majorin und in einem Tanzsaal. Die Handlung, die sich über mehrere Tage hinzieht, ist nicht von Belang und dient lediglich der Ansammlung diverser Klischees über wohlsituierte Iren mit einem Hang zu Pferdewetten und Fuchsjagden; als Randfigur, mit der der Erzähler unterwegs ist, taucht jedoch ein allseits bekannter Mann namens „George" auf, der als „Doktor" bezeichnet wird und in einer „ärztlichen Praxis" seinem Beruf nachgeht; schließlich fällt noch der Ortsname „Kilfinane (wo George wohnte)"[41]. Kilfinane (oder auch

---

38 Vgl. Rudolf Hagelstange, 4 Briefe an Wilhelm Lehmann, Unteruhldingen 1952, aus dem Nachlaß Lehmanns, Angaben nach <https://kalliope-verbund.info/DE-2498-HS00697079>.

39 Vgl. Wilhelm Lehmann und Rudolf Hagelstange, Postkarte an Werner Bergengruen, Handzame (Belgien) 16. September 1952, aus dem Teilnachlaß Bergengruens, Angaben nach <https://kalliope-verbund.info/DE-2498-HS00697282>.

40 Vgl. den entsprechenden Eintrag in der Zeittafel im editorischen Anhang zu Wilhelm Lehmann, *Gesammelte Werke in acht Bänden*, Bd. 1: *Sämtliche Gedichte* (Stuttgart: Klett-Cotta 1982), S. 516-526, hier S. 521.

41 Rudolf Hagelstange, „Wir nannten sie Peggy", in *Merian. Das Monatsheft der Städte und Landschaften* 12.4 (1959), S. 85-90, hier S. 87 und passim. – Hagelstange scheint Rosenstock später noch mindestens ein weiteres Mal besucht zu haben, was wiederum Niederschlag

Kilfinnane) ist keine Erfindung Hagelstanges, sondern ein reales Dörfchen im Süden der Grafschaft Limerick, unweit der Grenze zur Grafschaft Cork; und es ist der langjährige Wohnort des realen Arztes und Schriftstellers Georg Rosenstock, der sich also hinter der Fiktionsfigur „George“ verbirgt. Hagelstange verarbeitet mithin in seiner im Stile wüster Humoresken gehaltenen Erzählung Details, die er nur aus einem relativ vertrauten, wenn auch nicht notwendigerweise ausgedehnten Umgang mit Rosenstock (der in dem *Merian*-Heft mit einer ähnlich launigen eigenen Skizze vertreten ist) gewonnen haben kann.

Georg Rosenstock, gebürtiger Schleswig-Holsteiner des Jahrgangs 1918, wird 1944 in Jena mit einer Arbeit über *Lenaus Krankheit* zum Dr. med. promoviert; sein Fachgebiet ist die Psychiatrie, seine Passion die Literatur. Im Zweiten Weltkrieg dient er als Sanitätsoffizier auf Jersey, wo er seine zukünftige Frau kennenlernt, eine irische Krankenschwester – ob noch im aktiven Wehrmachtsdienst oder als Kriegsgefangener der Briten, ist nicht restlos geklärt[42], in jedem Fall ist davon auszugehen, daß Rosenstock als

---

in einer launig-anekdotischen Skizze fand. Vgl. Rudolf Hagelstange, „Kein Wunder in Limerick“, in *Die Zeit*, 1. April 1966: „Keiner, der in Irland mitleben oder überleben will, kann sich solcher Tendenz und Gesetzmäßigkeit entziehen – mein Freund George; gebürtiger Hamburger und durch Leidenschaft zu einer rassigen Irin und weiterhin durch fünf Nachkommen verankerter Wahl-Ire, ist ein lebendiger Beweis dafür. / Daß ich ihn auf jener englisch-schottisch-irischen Reise in Kilfinane, County Limerick, besuchen würde, war ausgemacht, zumal dies die Endstation war. Aber als ich in Shannon Airport eintraf, erfuhr ich, daß für den übernächsten Abend eine Lesung in Limerick (wo er zweimal in der Woche im Hotel Kensington praktizierte) anberaumt sei – mit anschließender Party übrigens, zu der er eingeladen habe.“ Die eigene Erzählung „Bärenfang“, von deren Vortrag anschließend berichtet wird, veröffentlichte Hagelstange zuerst 1961 in der Sammlung *Phantastische Abenteuergeschichten*; es kann sich bei dem Besuch, auf dem die Skizze „Kein Wunder in Limerick“ basiert, also nicht um denjenigen handeln, aus dem schon der *Merian*-Beitrag hervorging.

42 Vgl. Gisela Holfter, *Heinrich Böll and Ireland* (Newcastle: Cambridge Scholars Publishing 2011), S. 108, Anmerkung 8: „Georg Rosenstock was a German doctor who had met and married an Irish woman while being held prisoner of war in the Channel Islands and who had moved to Ireland in 1948.“ Vgl. hingegen Hilde Haaker, „Neugier ist die Mutter vieler Geschichten – So waren wir im Lauf

Wehrmachtssoldat am Kriegsende zumindest kurz in Kriegsgefangenschaft kommt. Ab 1948 lebt er mit seiner rasch wachsenden Familie als Landarzt (später auch als Rennpferdzüchter und Fabrikbesitzer) in Irland; erst 1971 oder 1972 kehrt er allein nach Norddeutschland zurück. Rosenstock, der entfernter jüdischer Vorfahren wegen im faschistischen Deutschland selbst nicht ganz unbehelligt geblieben ist[43], verabscheut die Nazis und jede Relativierung ihrer Taten. Einem Enkel zufolge, dem Schauspieler und Comedian Mario Rosenstock, erhebt Georg Rosenstock beispielsweise zu Ende der 50er Jahre in Briefen an die *Irish Times* und den irischen Justizminister vehemente Einwände gegen Regierungspläne, dem ehemaligen SS-Offizier Otto Skorzeny einen permanenten Aufenthaltstitel für Irland zu gewähren.[44] Auf Mario Rosenstocks *Wikipedia*-Seite heißt es außerdem über den Großvater: „He never spoke German again after the war out of

der Zeit neugierig geworden auf die Geschichte von Dr. Rosenstock und Jersey", in *irland journal* XIV.5 (2003), S. 131 f., hier S. 131 (auf der Basis eines Gesprächs mit Rosenstock): „Während des Zweiten Weltkriegs, 1943, arbeitete er ein Jahr als Sanitäter im General Hospital von Jersey, das damals von den Deutschen besetzt war. Auf der dortigen chirurgischen Station traf er die irische Krankenschwester Mauyen Keane, die aus Athenry, Co. Galway stammte. Die Tochter irischer Bauern hatte sich freiwillig zum Dienst nach Jersey gemeldet – sicher damals eine der wenigen Möglichkeiten, aus dem ländlichen Irland hinaus in die Welt zu kommen – als Frau." Eher zu dieser zweiten Version paßt die kurze biographische Notiz in *Merian. Das Monatsheft der Städte und Landschaften* 12.4 (1959), S. 41: „Dr. med. Georg Rosenstock [...] lebt seit elf Jahren in Irland, der Heimat seiner Frau, die er während des Krieges auf der Kanalinsel Jersey in einem Lazarett kennenlernte." Ein Erzähltext von Rosenstocks Frau, der offenbar die eigene Geschichte verarbeitet, präsentiert als Ich-Erzählerin eine Frau, die schon vor der deutschen Besetzung als Krankenschwester auf Jersey arbeitet und hier während der Besatzung dann einen deutschen Arzt kennenlernt, in den sie sich verliebt; vgl. Maisie Keane, „Im General-Hospital", in dies., *Begegnungen*, drei Erzählungen, üb. v. Georg Rosenstock (Hamburg: Phönix 1947), S. 48-72.

43 Vgl. Haaker, „Neugier ist die Mutter vieler Geschichten", a.a.O., S. 131.

44 Vgl. Alan Loughnane, „Mario Rosenstock explains how his grandfather fought to keep a Nazi out of Ireland", <www.joe.ie/shows/mario-rosenstock-explains-grandfather-fought-keep-nazi-ireland-655312>.

shame."[45] Dies allerdings kann so keineswegs stimmen; vorstellbar ist höchstens, daß Rosenstock die deutsche Sprache in Kilfinane aus dem häuslichen Umgang verbannt und konsequent aufs Englische ausweicht, womöglich zusätzlich aufs Irische (in dem es sein 1949 geborener dritter Sohn Gabriel zu solcher Meisterschaft bringt, daß er heute als einer der bedeutendsten irischsprachigen Lyriker gilt). Zumindest schriftsprachlich bemüht Georg Rosenstock sich nach der Ansiedlung in Irland mehr denn je um die deutsche Sprache. Schon 1947 publiziert er seine Übersetzung von drei Erzählungen seiner Frau Maisie Keane unter dem Titel *Begegnungen* im Hamburger Phoenix-Verlag; 1948 folgt Rosenstocks erster Gedichtband *Der Garten am Meer*, 1952 seine Erzählung *Manuel*, 1964 ein „kleiner Roman" namens *Paradies der Armen*, 1978 schließlich der Gedichtband *Irische Gezeiten*. In der *Zeit* erscheinen ab Oktober 1946 bis 1967 zunächst einzelne Gedichte, später irische Alltagsskizzen, anekdotische Erzählentwürfe und schließlich auch literatur- und kulturkritische Berichte und Kommentare Rosenstocks, der zudem von Irland aus die deutsche Presse so gut im Blick behält, daß er sich bemüßigt fühlt, den irischen Dramatiker Seán O'Casey darauf aufmerksam zu machen, er sei in einem Artikel der *Welt* fälschlich zum Kommunisten erklärt worden[46]. In Limerick ist Rosenstock Mitglied der German-Irish

---

45 <https://en.wikipedia.org/wiki/Mario_Rosenstock>.

46 Vgl. die Korrespondenz zwischen Georg F. Rosenstock und Sean O'Casey, verzeichnet im Verzeichnis der *Sean O'Casey Papers* der National Library of Ireland, <www.nli.ie/pdfs/mss lists/ocaseys.pdf>, hier S. 208 f. – Rosenstock erwähnt diesen Kontakt mit sichtlichem Stolz in einer seiner Rezensionen. Vgl. Gabriel Rosenstock, „Rebell von Kindheit an. Die Autobiographie von Sean O'Casey", in *Die Zeit*, 15. Juli 1966: „Vor etwa zehn Jahren lernte ich Sean O'Casey kennen. Seine vollständige Autobiographie war gerade bei Paul List in Leipzig erschienen, und ich sollte die Rezension für eine westdeutsche Zeitung schreiben. Die Besprechung wurde dann doch nicht gedruckt. Die Redaktion hatte den Paul List in Leipzig mit dem in München verwechselt. Als ich O'Casey das Dilemma mitteilte, zürnte er: ‚Was hat meine private politische Einstellung mit meinem literarischen Schaffen zu tun?' / Dabei ließen wir's. Eine klärende Antwort, von der ich mir damals viel erhoffte, denn ich bewunderte den Dichter sehr, erhielt ich nicht."

Society[47], außerdem tritt er 1960 dem „Schutzverband Deutscher Autoren Nordwest“ in Hamburg bei[48].

Georg Rosenstock führt in Irland also nicht allein eine dezente Existenz als Landarzt, sondern ist als Literat aktiv. Deshalb ist es durchaus vorstellbar, daß er in irgendeiner Weise in die Durchführung des PEN-Kongresses in Dublin und/oder des Ausflugs der versammelten Schriftsteller in den Südwesten Irlands eingebunden ist, und erst recht ist es plausibel, daß die Bekanntschaft mit diesem Mann bei Hagelstange und Lehmann und vielleicht auch noch bei weiteren Literaten des PEN-Kreises Aufmerksamkeit erregt. Meine These ist nun, daß die Kunde von diesem im ländlich-abgelegenen Irland lebenden deutschen Autor auch zu Ernst Kreuder vordringt und es sich bei dem angeblichen Bekannten in Irland, den Kreuder im Februar 1955 während seines Besuchs bei Arno und Alice Schmidt erwähnt, eben um Rosenstock handelt. Es existiert mindestens ein Brief Hagelstanges an Kreuder aus dem Jahr 1953[49], und mit Wilhelm Lehmann führt Kreuder schon seit 1946 einen regelmäßigen Briefwechsel[50]; Lehmann und Hagelstange gehören zudem der Jury an, die Kreuder 1953 den Georg-Büchner-Preis zuerkennt, bei dessen Überreichung Kasimir Edschmid die Laudatio hält[51]. In solchen zum gegenseitigen Wohl vernetzten Literatenkreisen wird mit interessant scheinenden neuen Bekanntschaften sicherlich nicht hinter dem Berg gehalten. Zu solch früher Zeit hingegen noch gänzlich unbekannt ist die Existenz dieses Georg Rosenstock ausgerechnet dem nachmaligen Vorzeige-Irlandkenner Heinrich Böll, der erst 1957 Kontakt mit Rosenstock aufnimmt, nachdem dieser als womöglich einziger wirklich sachkundiger Rezensent Bölls *Irisches Lesebuch* für die darin betriebene Verniedlichung Irlands und der Iren sowie die Verharmlosung der dortigen Kirchenherr-

---

47 Vgl. Hagelstange, „Kein Wunder in Limerick“, a.a.O.

48 Vgl. den Eintrag „**Rosenstock**, Georg“ in Werner Schuder (Hg.), *Kürschners deutscher Literatur-Kalender 1978* (Berlin, New York: de Gruyter 1978), S. 813.

49 Vgl. Rudolf Hagelstange, 2 Briefe und 7 Karten an Ernst Kreuder, Unteruhldingen, Berlin u.a. 1953-65, aus dem Nachlaß Kreuders, Angaben nach <https://kalliope-verbund.info/DE-2498-HS00697435>.

50 Vgl. die Zeittafel im editorischen Anhang zu Lehmann, *Sämtliche Gedichte*, a.a.O., S. 524.

51 Vgl. <www.deutscheakademie.de/de/auszeichnungen/georg-buechner-preis/ernst-kreuder>.

schaft kritisiert[52]; Böll ist durch die Kritik „schwer getroffen“[53] und schreibt Rosenstock einen rechtfertigenden Brief, aus dem sich eine längere Korrespondenz entwickelt[54]. Persönlich kennengelernt haben die beiden sich erst im Juni 1960, als Böll, der für sein Filmprojekt *Irland und seine Kinder* im Land unterwegs ist, Rosenstock für zwei Tage besucht.[55]

Das Dorf, in dem Georg Rosenstock lebt, Kilfinane, liegt gerade einmal 40 Kilometer Luftlinie südwestlich von Pallaskenry, dem Dorf, in das Arno Schmidt in *Das steinerne Herz* die Erlebnisse seiner Figur Karl Thumann als Kriegsgefangener verlegt, und beide Dörfer gehören zu dem Gebiet, in dem sich im frühen 18. Jahrhundert Pfälzer ansiedelten. Diese relative Nähe und die Tatsache, daß auch bei Rosenstock der Aufenthalt in Irland zumindest indirekt eine Folge von Krieg und möglicherweise Gefangenschaft war, läßt darüber spekulieren, ob Schmidts Entscheidung für Pallaskenry womöglich durch Informationen über Rosenstock gestiftet worden sein könnte, die er meiner These zufolge am 9. Februar 1955 von Kreuder bekommen haben könnte – nur funktioniert die Theorie eines solchen Zusammenhangs schlichtweg nicht, weil Schmidt jenen ersten Teil seines Romans, in dem Thumanns Kriegsinternierung in Pallaskenry eingeführt wird, bereits am 6. Dezember 1954 abgeschlossen hat, also mehrere Monate vor dem Treffen mit Kreuder; die endgültige Maschinenreinschrift dieses Romanteils erfolgte in den Tagen vom 2. bis zum 7. Februar 1955, also noch kurz *vor* dem Besuch Kreuders[56]. Bei allen Spekulationen, die wir über die Frage

---

52 Vgl. Georg Rosenstock, „Manche Länder muß man dreimal sehen“, in *Die Welt*, 8. Juni 1957.

53 Michael Augustin, „Irische Elegien“, in *Die Welt*, 7. Dezember 2009.

54 Vgl. Gisela Holfter, „‚... und es ist nicht gut für einen Autor, über einen Gegenstand zu schreiben, den er zu sehr mag‘ – Heinrich Böll und Irland“, in Werner Jung / Jochen Schubert (Hg.), *„Ich sammle Augenblicke“. Heinrich Böll 1917-1985* (Bielefeld: Aisthesis 2008), S. 153-164, hier S. 161 f. (mit ausführlichen Briefzitaten).

55 Vgl. Heinrich Böll, „Durch die Kamera gesehen. Briefe (1960)“, in ders., *Rom auf den ersten Blick. Landschaften • Städte • Reisen* (Bornheim-Merten: Lamuv 1987), S. 131-143, hier S. 132 (Brief vom 20. Juni 1960): „Wir haben zwei wunderbare, sehr irische Tage bei Rosenstock verbracht, der eine Galway-Maid geheiratet und sechs Kinder mit ihr hat. R. entpuppte sich als wirklich nett – sehr clever, hat hier eine Menge Geschäfte laufen, auch Pferde.“

56 Vgl. die Daten zur Datierung der Niederschrift in Josef Huerkamp, *„Die große Kartei“. Enzyklopädie zu Arno Schmidts Roman „Das steinerne Herz“* (München: edition text + kritik 2011), S. 872.

anstellen können, was Kreuder Schmidt im Februar 1955 über Irland und möglicherweise über Georg Rosenstock erzählt haben mag, wissen wir am Ende eigentlich nur eines – daß es nämlich für die Konzeption des irischen Themenstrangs im Roman *Das steinerne Herz* komplett oder zumindest weitestgehend irrelevant bleiben mußte, denn diese Konzeption stand schon vorher. Offen bleibt die Frage, ob der Austausch mit Kreuder etwas für Schmidts spätere Beschäftigung mit der Frage einer möglichen Auswanderung nach Irland gebracht haben könnte. Als diese Beschäftigung 1956/57 konkreter wird, ist allerdings nicht mehr Kreuder Schmidts Gewährsmann, sondern der in irischen Belangen dann weitaus kundigere Böll, wie wir noch sehen werden; zuerst einmal aber wollen wir im nächsten Kapitel besagten irischen Strang in *Das steinerne Herz* genauer in den Blick nehmen.

„‹Scheiße› auf Keltisch“

Irland und *Das steinerne Herz*

Als Arno Schmidt am 16. November 1954 beginnt, mit dem Bleistift die erste Niederschrift seines Romans *Das steinerne Herz* zu fertigen, brauchen Bundesbürger seit genau anderthalb Monaten kein Visum mehr für die Einreise nach Irland, eine Erleichterung, die schon im September auch in Regionalzeitungen vermeldet worden ist[1]. Für den irischen Erzählstrang in *Das steinerne Herz* ist dies ohne Belang, für Schmidts Gedankenspiele einer möglichen Ausreise nach Irland hingegen vielleicht doch eine wichtige Information. Wäre Schmidt ohne die Auswanderungspläne überhaupt auf die Idee gekommen, ein irisches Randthema in seinen neuen Roman zu integrieren? Darüber läßt sich naturgemäß nur fruchtlos spekulieren. Was hat ausgerechnet Irland in einem Roman zu suchen, dessen politisches Thema die deutsche Teilung ist? Nun, immerhin ist Irland eine politisch in zwei Staatsgebilde geteilte Insel, insofern gibt es vielleicht doch einen internen Zusammenhang, auch wenn dieser für die Art und Weise, in der Irland im Roman Thema wird, überhaupt keine Rolle spielt.

Als Schmidt am 6. Dezember 1954 die erste Maschinenschriftfassung des ersten Teils von *Das steinene Herz* abschließt, sind darin bereits die beiden Textstellen zum Thema Irland vorhanden, die wir in der publizierten Fassung lesen können.[2] Recht unvermittelt heißt es über den Lkw-Fahrer Karl Thumann: „*Kriegsgefangener in Irland* war er gewesen, und konnte ‹Scheiße› auf Keltisch sagen. Ich in Brüssel; und vergalt sein Vertrauen“[3]. Daß Schmidt selbst sich wie sein Ich-Erzähler Walter Eggers von April bis August 1945 im Lager Vilvoorde bei Brüssel in englischer Kriegsgefangen-

---

1 Vgl. beispielhaft die Kurzmeldungen in den Ausgaben der *Nordwest-Zeitung* vom 13. September 1954 („**Irland** hat den Visumzwang für Deutsche und Österreicher vom 1. Oktober an aufgehoben“) und vom 29. September 1954: „**Ohne Visum nach Irland.** Reisende aus dem Bundesgebiet, die im Besitz eines gültigen Reisepasses sind, brauchen vom 1. Oktober an kein Visum mehr für die Einreise nach Irland, wenn der Aufenthalt dort drei Monate nicht überschreitet.“

2 Freundliche Auskunft von Susanne Fischer (Arno Schmidt Stiftung); Email an Friedhelm Rathjen vom 12. September 2022.

3 Arno Schmidt, *Das steinerne Herz. Historischer Roman aus dem Jahre 1954 nach Christi*, in Bargfelder Ausgabe, Bd. I/2 (Zürich: Haffmans 1986), S. 7-163, hier S. 17.

schaft befand, ist ein simples Faktum; nicht ganz so unkompliziert steht es um die Frage, ob und unter welchen Umständen es im oder nach dem Zweiten Weltkrieg deutsche Gefangene in Irland gegeben hat – diesem Thema widme ich deshalb das gesonderte Kapitel „Offener Vollzug“. In jedem Falle zweifelhaft ist die Aussage, Thumann könne „‹Scheiße› auf Keltisch“ sagen, was suggeriert, „Keltisch“ sei eine Sprache. Das ist es nicht; vielmehr ist es eine verzweigte Sprachgruppe, deren Stellung im Gefüge der indogermanischen Sprachen bis heute kontrovers diskutiert wird. Innerhalb der keltischen Sprachgruppe wird zunächst unterschieden zwischen festlandkeltischen Sprachen, die sämtlich ausgestorben sind, und inselkeltischen Sprachen, die wiederum unterteilt werden in einen britannischen und einen goidelischen Zweig. Noch existierende Sprachen des britannischen Zweiges sind das Bretonische und das Walisische, während goidelische Sprachen heute hauptsächlich in Irland und Schottland gesprochen werden. Diese irischen und schottischen Varianten der keltischen Sprachgruppe wurden historisch meist summarisch als Gälisch bezeichnet; heute findet der Begriff „Gälisch“ hingegen in der Regel nur noch als Bezeichnung der schottischen Variante Verwendung, während die irische Variante gemeinhin als „Irisch“ bezeichnet wird, wenngleich diejenigen Regionen Irlands, in denen die irische Sprache offiziell vorherrschend ist, bis heute „Gaeltacht“ (oder irisch „An Ghaeltacht“) heißen. Erschwerend kommt hinzu, daß es sowohl innerhalb des Irischen als auch innerhalb des schottischen Gälisch deutliche regionale Unterschiede gibt; andererseits sind das Irische und das schottische Gälisch sich in Vokabular und Schreibung recht ähnlich, weswegen geschriebene Bruchstücke beider Sprachen für Außenstehende kaum zu unterscheiden sind.

Man entschuldige mir diesen sprachhistorischen Exkurs, der allerdings wichtig ist, um gewisse Unzulänglichkeiten der Behandlung des Sprachthemas in *Das steinerne Herz* zu beleuchten. Das beginnt schon mit der zitierten Behauptung des Ich-Erzählers Walter Eggers, sein Gesprächspartner könne „‹Scheiße› auf Keltisch sagen“, eine Behauptung, die sehr viel später im Roman noch einmal aufgenommen wird, als es von Karl Thumann heißt, er „sagte langsam erst zweimal ‹Scheiße› (auf keltisch; und ich fragte in gespieltem Erstaunen: »Was? ausgerechnet da oben?!« Er wieherte dumpf, und bumste schon wieder mit dem Kopf an.)“[4] Es ist kaum anzunehmen, daß Walter Eggers über hinreichende Sprachkenntnis verfügt, um zu wissen, wie „‹Scheiße› auf Keltisch“ heißt; wir müssen davon ausgehen, daß Thu-

4 Ebd., S. 129.

mann es ihm bei der ersten Textstelle erklärt, so daß Eggers die Vokabel dann bei der zweiten Textstelle versteht. Wie die Vokabel lautet, verrät Schmidt seiner Leserschaft in beiden Fällen nicht, was vermutlich daran liegt, daß Schmidt selbst die Vokabel keineswegs kennt und sich einen kleinen Bluff erlaubt (erst Schmidts Exeget Josef Huerkamp hat ermittelt, daß die unterdrückte irische Vokabel „cac" lautet[5], was kein schlechter Witz wäre, dürften wir davon ausgehen, daß Schmidt ihn intendiert hätte). Die einzige „keltische" Sprachprobe, die tatsächlich im Text von *Das steinerne Herz* aufscheint, ist eine andere:

> *Also Dochan Dorroch:* Trinken im Stehen (keltisch natürlich: »Prost Karl!: Zum Wohl, Freu'n Hübner.« Auf Buchstabenfüßen kamen die Worte angeflossen, tausendschuhig, im Konsonantengetrabe; was heißt schließlich schon ‹Eggers›?!).[6]

Hier scheint Arno Schmidt sich tatsächlich sachkundig gemacht zu haben, doch bei näherem Hinsehen erweist sich dies als trügerisch, denn tatsächlich hat Schmidt sowohl die Wendung als auch eine umständliche Erklärung ihrer Bedeutung im Roman *Redgauntlet* von Walter Scott gefunden[7], einem Autor, der in den Jahren 1954 und 1955 im Hause Schmidt so häufig abendliche Vorleselektüre ist wie kein anderer – und der halt kein Ire ist, sondern Schotte. Karl Thumann kann diese schottisch-gälische Wendung also schwerlich in seiner Zeit in Irland aufgefangen haben. Arno Schmidt waren die feinen Unterschiede zwischen den goidelischen Sprachen entweder nicht bewußt, oder aber er hat sie nonchalant ignoriert. In der Erzählung „Geschichten von der Insel Man", die er anderthalb Jahre nach *Das steinerne Herz* schreibt, rührt er auch noch eine dritte Sprachvariante in diesen Einheitsbrei hinein, nämlich das zu dieser Zeit nur noch von einer Handvoll Menschen gesprochene Manx: „»Wenn Sie sogar Keltisch mitnehmen, wird es Sie interessieren, daß ich längere Zeit auf der Insel Man gewesen bin«"[8]; an diese Behauptung schließt sich eine wiederum von Walter Scott geklaute

---

5 Josef Huerkamp, *„Die große Kartei". Enzyklopädie zu Arno Schmidts Roman „Das steinerne Herz"* (München: edition text + kritik 2011), S. 95.

6 Schmidt, *Das steinerne Herz*, a.a.O., S. 99.

7 Hinweis von Günter Jügensmeier in Huerkamp, *„Die große Kartei"*, a.a.O., S. 582.

8 Arno Schmidt, „Geschichten von der Insel Man", in Bargfelder Ausgabe, Bd. I/4 (Zürich: Haffmans 1988), S. 95-98, hier S. 96.

und auf die Insel Man verlegte Binnengeschichte an[9]. Arno Schmidts Kenntnisse der irischen Sprache scheinen über Allerweltswissen nicht hinausgereicht zu haben; im weiteren Fortgang von *Das steinerne Herz* reicht dies gerade einmal zu einem Scherz über irische Namensgebung: „O' Nan: klingt direkt keltisch, was?!“[10]

Doch kehren wir von sprachlichen Feinheiten zurück zu den Erlebnissen Karl Thumanns als Kriegsgefangener in Irland. Noch im ersten Romanteil bekommen wir davon eine Kurzfassung, die allerdings auch schon den ausführlichsten Textabschnitt zum Thema darstellt:

> *Tales of my Landlord:* »Wie sind Sie eigentlich nach Irland gekommen, Herr Thumann?«. Er hob das (extragroße) Tummelchen, schnalzte und wunderte sich staunend: LKW=Fahrer; Geleitzug; langsamstes Schiff; minisch abgedrängt in Nacht & Nebel: Cork angelaufen: interniert! Freiwillige Landarbeit (auf m Traktor). Hübsche geflüsterte Lassies, rothaarig rundherum, Ftft (und sommersprossig am ganzen Leibe: »also wie die Schleien!«).: Einschenken. »Die nächste größere Stadt war Limerick«. »Am Shannon unten« nickte ich; und er schlug begeistert die Lehne: »In dem ham wir immer gebadet!« (‹Pallaskenny› hatte das Nest geheißen. In nahen Gärten prügelten sich geile Kater).[11]

Hier stellen sich mit Blick auf die Kenntnisse und Beweggründe des Autors zwei gesondert zu behandelnde Fragen. Erstens: wie ist Arno Schmidt auf den Gedanken gekommen, seiner Figur Karl Thumann eine Kriegsgefangenschaft in Irland anzudichten? Und zweitens: warum lokalisiert er diese Kriegsgefangenschaft gerade in und um „‹Pallaskenny›“? Beide Fragen sind nur spekulativ zu beantworten, was allerdings auch nicht ohne Aufschluß sein muß.

Als mögliches Auswanderungsland ist Irland für Schmidt interessant, weil es nicht der NATO angehört, also (zumindest nominell) neutral ist. Daß dies so ist, hängt mit der Teilung der Insel zusammen; die politische Führung in Dublin lehnt (übrigens im Gegensatz zur Führung der irischen Kirche) den Beitritt zur NATO ausdrücklich mit der Begründung ab, sie könne nicht

---

9 Vgl. den Quellennachweis von Günther Flemming, „Das sind ja schöne Geschichten! Von der Insel Man und dem Mann aus der Inselstraße“, in *Bargfelder Bote* Lfg. 35-36 (Dezember 1978), S. 7-19.

10 Schmidt, *Das steinerne Herz*, a.a.O., S. 116.

11 Ebd., S. 38.

beitreten, solange Nordirland nicht mit der Republik wiedervereinigt sei.[12] Die irische Situation verhält sich also spiegelbildlich zu derjenigen im geteilten Deutschland, dessen Chancen auf Wiedervereinigung Schmidt durch die von ihm scharf verurteilten und mit der Niederschrift des Romans *Das steinerne Herz* bekämpften Pläne einer Wiederbewaffnung (zunächst als Teil der erstrebten Europäischen Verteidigungsgemeinschaft, nach deren Scheitern dann als Teil der NATO) vereitelt sieht[13]. In jedem Fall ist Schmidt wohlbekannt, daß Irland neutral ist und dies auch im Zweiten Weltkrieg war; diese Neutralität vorausgesetzt, ist es aber auf den ersten Blick nicht plausibel, daß Karl Thumann ausgerechnet in Irland „Kriegsgefangener" gewesen sein soll – die nachgeschobene Vokabel „interniert" macht den Fall ein wenig plausibler, dennoch müßte es eher abwegig erscheinen, eine Gefangenschaft im Weltkrieg nun gerade in Irland zu lokalisieren, es sei denn, man wüßte definitiv, daß es dergleichen gegeben hat. Wußte Arno Schmidt es also, und woher? Diese Frage ist nicht einfach zu beantworten, da dieses Thema in der Öffentlichkeit kaum vorkam. Theoretisch ist natürlich vorstellbar, daß Schmidt einen Betroffenen gekannt

---

12 Vgl. Ulfert Zöllner, *An den Peripherien Westeuropas. Irland und Österreich und die Anfänge der wirtschaftlichen Integration am Beispiel des Marshall-Plans* (Hildesheim: Olms 2022), S. 133 f. – Vgl. allerdings die einschränkende Beurteilung des späteren irischen Außenministers (1973-77) und Premierministers (1982-87) Garret Fitzgerald, „Der Mythos von der irischen Neutralität hält den historischen Fakten nicht stand", üb. v. Friedhelm Rathjen, in *irland journal* X.4 (1999), S. 26 f., hier S. 27: „Die Wahrheit ist, daß das Scheitern unseres Beitritts zu einer Allianz, zu deren Zielen wir uns ausdrücklich bekannten, bloß das ungewollte und versehentliche Ergebnis des Scheiterns eines unbesonnenen Plans des Außenministers Seán MacBride war, der ein Jahrdutzend zuvor noch Stabschef der IRA gewesen war. MacBride versuchte, die Briten dazu zu erpressen, daß sie Nordirland gegen den Willen der Bevölkerungsmehrheit an die Republik abtraten. Das sollte die Gegengabe für ein paar Militärbasen auf unserem Territorium, die MacBride fälschlich für entscheidend wichtig hielt, darstellen."

13 Vgl. Arno Schmidt, „Seelandschaft mit Pocahontas", in Bargfelder Ausgabe, Bd. I/1 (Zürich: Haffmans 1987), S. 391-437, hier S. 410: „Die Amerikaner kreisten unbefangen weiter ein, andererseits rätselten die Westmächte, was Moskau mit seiner letzten Note wohl wieder meine: »Iss doch ganz klaa: entweder EVG oder Wiedervereinigung; Beedes gipts nich!«"

hätte; in der Praxis erweist sich dies allerdings als unwahrscheinlich, wie ich am Ende des nächsten Kapitels erläutern werde; zudem kann Schmidt nicht über detaillierte Informationen verfügt haben, da er sonst gewußt hätte, wie wenig die von ihm skizzierten Erlebnisse des fiktiven Karl Thumann mit den realen Umständen einer Kriegsinternierung in Irland in Einklang zu bringen sind. Es drängt sich die Schlußfolgerung auf, daß Schmidt nur sehr ungenau etwas über deutsche Kriegsinternierte in Irland gehört und allenfalls noch gewußt hat, daß diese Internierten es dort leidlich gut hatten.

Welche Quelle kommt für solche Rumpfkenntnis infrage? In der deutschen Medienberichterstattung bis 1954 habe ich bisher keine einzige Erwähnung deutscher Kriegsinternierter in Irland finden können; die einzige gedruckte Quelle dazu, die aufzutreiben war, ist ein kurzer Passus aus dem skandalös ärgerlichen Abschnitt „Bomben in Dublin“ des 1953 erschienenen Irland-Buches von A. E. Johann:

> Wie dem auch sei, die Dubliner nahmen uns den fehlgegangenen Tropfen Krieg nicht übel. Und als andere deutsche beschädigte Bomber bei Dublin notlanden mußten, wurden die Besatzungen zwar interniert; dann jedoch baten die deutschen Flieger beim Premierminister der Republik höflich um die Erlaubnis, an der Universität in Dublin studieren zu dürfen; dies wurde ihnen ohne viele Umstände gewährt. Einem von den Luftwaffenstudenten gefiel es so gut, daß er nach dem Kriege hierblieb, Ire wurde, ein wunderschönes irisches Mädchen heiratete (schwarzhaarig und blauäugig, wie die schönen Irinnen sind) und sich eine sehr angesehene und einträgliche Stellung erwarb. Als er verzweifelt im Kriege bei Dublin bauchlandete, hat er sich einen so erfreulichen Ausgang seines Abenteuers gewiß nicht träumen lassen. Er ist nicht der einzige deutsche Soldat, der nach dem Kriege Irland zur zweiten Heimat wählte.[14]

---

14 A. E. Johann, *Heimat der Regenbogen. Irland Insel am Rande der Welt* (Gütersloh: Bertelsmann 1953), S. 119 f. – Damit verschiebt sich die Frage, woher das Wissen um deutsche Kriegsinternierte in Irland rührt, von Arno Schmidt auf A. E. Johann. Eine Antwort ist für unsere Zwecke nicht unbedingt vonnöten; vielleicht läßt sie sich dennoch geben – vgl. meinen Rekonstruktionsversuch weiter unten am Ende des Kapitels „Offener Vollzug“. Diesem Rekonstruktionsversuch zufolge wäre die reale Vorlage für Karl Thumann (wenn auch nur in einem sehr entfernten und punktuellen Sinne) ein ehema-

Wenn man zu dem ganzen komplexen Thema keine anderen Informationen hat als die gleichzeitig blumigen und inhaltlich dürren Sätze A. E. Johanns, dann spricht nichts dagegen, sich eine Internierung so auszumalen, daß die Erlebnis Karl Thumanns dabei herauskommen. Was für einen Piloten mit Bruchlandung möglich war, mußte sicherlich auch für einen Soldaten, der per Schiff unterwegs war und in Seenot geriet, möglich sein; wenn es sich in der Großstadt Dublin (die für Schmidt nicht infrage kam) gutgehen ließ, dann sicherlich auch auf dem Lande; da A. E. Johann keinerlei räumliche Beschränkung erwähnt, konnte Schmidt sich folglich eine passende Lokalität ganz nach Lust und Laune aussuchen.

Der Haken an der Sache ist, daß sich nicht nachweisen läßt, ob Schmidt das Buch von A. E. Johann jemals gelesen hat. Immerhin läßt sich ermitteln, daß er es hätte lesen *können*; er hatte Zugang dazu, denn ein Exemplar der Erstausgabe des Buches befindet sich in der Stadtbibliothek Mainz[15]; auf diese Bibliothek hatte Arno Schmidt nicht nur während seines Wohnsitzes in Gau-Bickelheim (Dezember 1950 bis Dezember 1951) eigenhändig Zugriff, sondern auch danach ist ihm der dortige Bibliothekar Claus Nissen bis in die 60er Jahre hinein dienlich, indem er ihn außerhalb der offiziellen Bibliotheksregularien mit Leihbüchern versorgt. Es ist vorstellbar, daß Nissen das Buch von A. E. Johann leihweise an Schmidt schickt, nachdem dieser Interesse am Thema Irland bekundet hat; ebenso denkbar ist natürlich, daß Schmidt in einer anderen, noch unbekannten Quelle auf ähnliche Rumpfinformationen über deutsche Kriegsinternierte in Irland stößt.

Die sonstigen Details der zitierten zentralen Irland-Textstelle in Schmidts Roman (Cork / Traktor / Lassies / sich prügelnde Kater) finden in A. E. Johanns Buch keine Vorlagen, nicht einmal die klischeehaften roten Haare und Sommersprossen werden darin erwähnt; auf eine unsichere Spur setzt uns allenfalls noch eine Textstelle, an der der Autor die vielen Einflüsse von außen aufzählt, die in der „einheitlichen, eigenständigen Nation [Irlands] zusammengeschmolzen" seien, darunter die „deutschen Beimischungen (die

---

liger SS-Bombenleger, NS-Propagandafilmer und Freund irischer Nazi-Sympathisanten gewesen, der vor dem Krieg als Kameramann für Leni Riefenstahl arbeitete, im Krieg Nazi-Propagandafilme drehte, in der Kriegsinternierung deutsche Soldaten bei einer Feier zu Hitlers Geburtstag filmte und nach dem Krieg Heinrich Bölls erster Ansprechpartner, Gastgeber, Fremdenführer, Chauffeur, Freund und Helfer in Irland wird.

15 Der Bestand der Bibliothek ist online überprüfbar über die Internetseite <https://pica1L.ulb.tu-darmstadt.de/DB=STBMZ>.

Pfälzer bei Limerick!)“[16], womit immerhin die auch in Schmidts Roman figurierende Stadt am Shannon ins Spiel kommt.

Die hier erwähnten „Pfälzer“ könnten zur Beantwortung unserer zweiten offenen Frage beitragen, also derjenigen nach den Gründen von Schmidts Schauplatzwahl im Bereich um „‹Pallaskenny›“, wie Schmidt fälschlich in seinem Text schreibt, oder vielmehr Pallaskenry, wie das Dorf richtig heißt. Der Bereich unmittelbar südlich des Shannon-Mündungstrichters westlich der Grafschaftshauptstadt Limerick weist nichts Spektakuläres und (von der Lage am Fluß vielleicht abgesehen) keinerlei landschaftliche Besonderheiten auf, nennenswerte literarische oder mythologische Stätten sind nicht zu finden, und so scheint für die komplette Grafschaft zu gelten, was William Makepeace Thackeray nach einem Besuch über die Hauptstadt notierte: „Der Verfasser dieser Zeilen bezweifelt sehr, daß er über Limerick irgend etwas sagen kann, das es wert ist, gesagt oder gelesen zu werden.“[17] *Eine* historische Besonderheit hat diese ländlich-unspektakuläre Gegend aber doch aufzuweisen, nämlich die Ansiedlung von „Pfälzern“ im frühen 18. Jahrhundert. 1709 sah nach Plünderungen, Mißernten und anderen Verheerungen infolge des Spanischen Erbfolgekriegs die „ausgebeutete, zermürbte und außerdem religiös verfolgte Bevölkerung“ der südlichen Pfalz „sich in großer Anzahl zur Auswanderung als einziger Alternative gezwungen – und die hieß England.“[18] Über Rotterdam gelangten 10.000 Flüchtlinge auf Betreiben der englischen Königin Anne nach London, wo sie allerdings nicht sonderlich willkommen waren; 2000 Menschen wurden gleich wieder zurückverfrachtet, weil es sich um Katholiken handelte, die übrigen wurden nach hitzigen Parlamentsdebatten größtenteils nach Nordamerika verschifft, 3073 Flüchtlinge aber nach Irland transferiert, um dort den Protestantismus zu stärken. Die meisten dieser Pfälzer wurden in der Grafschaft Limerick in den Distrikten Rathkeale, Kilfinane und Adare angesiedelt; viele waren mit den Bedingungen hier unzufrieden und zogen schließlich weiter nach Amerika, die übrigen blieben, bildeten konfessionell und auch kulturell recht eigenständige Gemeinden und lebten vornehmlich vom Hanf- und Flachsanbau. Pallaskenry liegt im nördlichen Randbereich

---

16 Johann, *Heimat der Regenbogen*, a.a.O., S. 206.

17 Zitiert nach Hermann Rasche / Harald Raykowski, *Literarischer Führer Irland*, mit Abbildungen, Karte und Registern (Berlin: Insel 2010), S. 137.

18 Hermann Rasche, „Gegenbilder. Deutschsprachige Autoren über Irland (12). Paul Heyses Drama: Die Pfälzer (1855)“, in *irland journal* VI.1 (1995), S. 34-36, hier S. 34.

dieses Siedlungsgebiets und war zwar keine Hochburg der Pfälzer, wird in zeitgenössischen Berichten über die seelsorgerische Betreuung aber gelegentlich erwähnt.[19]

Da Arno Schmidt vor und während der Niederschrift von *Das steinerne Herz* einige Jahre in Rheinland-Pfalz lebt, ist vorstellbar, daß er in heimatkundlichen oder ähnlichen Publikationen, die ihm unterkommen, auf die Geschichte der Pfälzer in Irland aufmerksam wird. In der *Rheinland-Pfälzischen Bibliographie*[20], die auch Zeitungsartikel berücksichtigt, lassen sich eine Reihe von Veröffentlichungen zu den Pfälzern in Irland recherchieren, darunter drei, die in den Jahren 1950 bis 1952 erschienen[21], und ein bereits 1929 erschienener Aufsatz, der den Shannon explizit im Titel erwähnt[22]. Die Kenntnisnahme solcher Publikationen durch Schmidt ist natürlich nicht sonderlich wahrscheinlich; falls er sich in Zusammenhang mit seinen Auswanderungsplänen mit der irischen Landeskunde beschäftigt, wovon durchaus auszugehen ist, können ihm die irischen „Pfälzer“ aber auch in anderen Quellen begegnet sein. Was ihn am Siedlungsgebiet dieser Auswanderer interessieren könnte, das wäre wohl weniger die Chance, ihnen als Auswanderer aus Rheinland-Pfalz im Abstand von zweieinhalb Jahrhunderten nachzueifern, als vielmehr die Hoffnung, in einem Gebiet zu landen, in dem traditionell und bis in die Gegenwart Menschen leben, die nicht dem in Irland sonst allgegenwärtigen katholischen Glauben angehören.

---

19 Der Abriß folgt der Darstellung in „The Palatines in Ireland. An Account of their Settlement in the 18th Century“, Lecture given by Ambassador Sean G. Roman to the German-Irish Society at the House of the Rhineland-Palatine Representation in Bonn, 8th February 1973, verfügbar im Internet unter <www.limerickcity.ie/media/Palat009.pdf>.

20 Vgl. <https://rpb.lbz-rlp.de/rpb04/notation.html>.

21 Vgl. Irene Altschuh, „Die ‚Palatines‘ in Irland. Ein Bericht von der ‚Grünen Insel‘ über die 1709 ausgewanderten Pfälzer Bauern“, in *Pälzer Feierowend* 2.17 (1950). – Helmut Blume, „Pfälzer Bauernsiedlung in Irland“, in *Petermanns Geographische Mitteilungen* 98 (1954), S. 252-256. – W. G. Krug, „Das ‚Lied der Pfälzer‘ in Irland. England siedelte vor 250 Jahren deutsche Amerika-Auswanderer an“, in *Rhein-Neckar-Zeitung / Heidelberger Nachrichten* 8.291 (16. Dezember 1952).

22 Vgl. J. Heinz, „Pfälzer Auswanderer in Irland: deutsche Siedlungen im Shannon-Becken“, in *Der Trifels* 18 (1929).

Unmittelbar im Anschluß an die Textstelle in Schmidts Roman, an der Thumann sich erstmals als ehemaliger „Kriegsgefangener in Irland“ vorstellt, preist der Ich-Erzähler den „Nutzen alter Lexika: Meyer, 3. Auflage, 1874, I 404: Lob des Alkohols“[23]. Genau dieses Nachschlagewerk hat Schmidt sich 1950 angeschafft[24], erst 1955 ersetzt er es durch eine neuere Ausgabe[25]. Bevor Schmidt auf den Gedanken verfallen ist, nach Irland auszuwandern, hat er als Auswanderungsziel die Falklandinseln erwogen, diesen Plan allerdings aufgegeben, als er erfährt, daß es dort keine Wälder gibt[26]; diese Information stammt offensichtlich aus dem entsprechenden Meyer-Artikel, der vermerkt: „die völlige Baumlosigkeit, eine Folge der heftigen Winde, unterscheidet die F.[alklandinseln] von dem antarktischen Gebiete des Festlandes.“[27] Es liegt nahe, daß Schmidt sich auch über sein nächstes Auswanderungsziel aus dem Meyer informiert, und im Artikel „Irland“ kann er neben vielen anderen sachdienlichen Hinweisen (und der von Schmidt leider übernommenen Erwähnung einer „keltischen Sprache“[28]) die Information finden:

---

23 Schmidt, *Das steinerne Herz*, a.a.O., S. 17.

24 Mitteilung von Susanne Fischer (Arno Schmidt Stiftung); Brief an Friedhelm Rathjen vom 10. Juli 2001 mit Anlage „Lektüre / Ankäufe Schmidt 48-50“, destilliert aus den Tagebüchern Alice Schmidts.

25 Vgl. Dieter Gätjens, *Die Bibliothek Arno Schmidts. Ein kommentiertes Verzeichnis seiner Bücher*, neue Ausgabe, durchgesehen und erweitert von Günter Jürgensmeier (Bargfeld: Arno Schmidt Stiftung 2003), <www.arno-schmidt-stiftung.de/Archiv/Bibliotheksverzeichnis.html>, Nr. 18.2.

26 Vgl. den Tagebucheintrag Alice Schmidts vom 1. Oktober 1952, zitiert in Josef Huerkamp, *Der Landschafter auf der Höhe. Arno Schmidt in Kastel 1951-1955* (Dresden: Neisse 2008), S. 31, Anmerkung 12: „Ja man müßte nach Canada können[.] Ich: nicht mehr Falklands? A: ‚Oh, daß da keine Wälder sind, hat mich doch abgestoßen‘“.

27 Artikel „Falklandinseln“, in *Meyers Konversations=Lexikon. Ein Nachschlagewerk des allgemeinen Wissens*, fünfte, gänzlich neubearbeitete Auflage, Bd. 6: *Ethik bis Gaimersheim* (Leipzig, Wien: Bibliographisches Institut 1894), S. 160. – Dies ist nicht die Ausgabe, die Schmidt von 1950 bis 1955 besaß, der Artikel dürfte aber zwischen beiden Ausgaben kaum verändert worden sein.

28 Vgl. den Artikel „Irland“ in *Meyers Konversations=Lexikon. Eine Encyklopädie des allgemeinen Wissens*, dritte gänzlich umgearbeitete Auflage, Bd. 9: *Holbach – Kirschäther* (Leipzig: Bibliographisches Institut 1876), S. 351-368, hier S. 352: „Die Bevölkerung Irlands ist

> In der Grafschaft Limerick endlich (bei Adare [...]) wohnt eine Kolonie deutscher Protestanten, Pfälzer genannt, die, im 17. Jahrh. von Lord Southwell eingeführt, ihre Muttersprache zwar verloren haben, in Charakter und Tracht aber noch jetzt vom übrigen Landvolk verschieden sind und sich durch Fleiß und Wohlstand vortheilhaft auszeichnen.[29]

Bei der Vorauswahl einer Gegend, die als Wohnsitz nach einer Auswanderung geeignet sein könnte, muß diese Auskunft relativ verlockend geklungen haben; der nächste Schritt wäre dann, sich näher mit genau diesem Landstrich zu befassen. Die Möglichkeit dazu bietet sich Arno Schmidt in seinem *Ireland Guide*, Auflage 1954, angeschafft wohl mit Blick auf die Auswanderungspläne Ende Juli in Hannover auf der Recherchereise für *Das steinerne Herz* nach Ahlden – ein Jahrzehnt später bezieht sich Schmidt in einem Schreiben an das Landkartenhaus Schmorl & v. Seefeld auf einen „umfangreichen Führer, den ich einmal bei Ihnen kaufte“ und in dem stehe, „dass der ‹Ordnance Survey of Ireland› über das ‹Government Publications Sale Offices› in DUBLIN Karten liefert“[30], und genau diese Information findet sich in besagtem *Ireland Guide* von 1954: „A comprehensive series of maps and plans [...] is issued by the Ordnance Survey of Ireland, through the Government Publications Sale Office, Dublin, and other agencies.“[31] (Es

---

zum größten Theil keltischen Ursprungs und bedient sich theilweise auch noch der keltischen Sprache, wiewohl dieselbe immer mehr dem Englischen weicht.“ – Dieser Band der von Schmidt bis 1955 benutzten Ausgabe ist im Internet als Faksimile zugänglich unter <https://books.google.de/books?id=mcO0J496TlYC>.

29 Ebd., S. 353.

30 Arno Schmidt, „Eine Postkarte und ein Brief. »An das Landkartenhaus Schmorl & v. Seefeld / 3 Hannover / Bahnhofstr. 14«“, in *Bargfelder Bote* Lfg. 311-312 (Oktober 2008), S. 3 f., hier S. 3. Die im Anschluß gegebenen Details zu den Blattmaßstäben entsprechen genau den Informationen im *Ireland Guide*. – Die Kartenbuchhandlung Schmorl & v. Seefeld liegt auf dem Weg vom Bahnhof zum Niedersächsischen Staatsarchiv, in dem Schmidt am 25. Juli 1954 beim Zwischenhalt in Hannover recherchiert; sie wird explizit erwähnt in Schmidt, *Das steinerne Herz*, a.a.O., S. 147.

31 *Ireland Guide*, published by Fogra Failte, the National Tourist Publicity Organisation for Ireland, Second Edition (Dublin: Fogra Failte o.J. [1953 oder 1954]), S. 37. Die im Verzeichnis von Gätjens / Jürgensmeier, *Die Bibliothek Arno Schmidts*, a.a.O., Nr. 922.1, angegebene Datierung „um 1960“ ist unzutreffend.

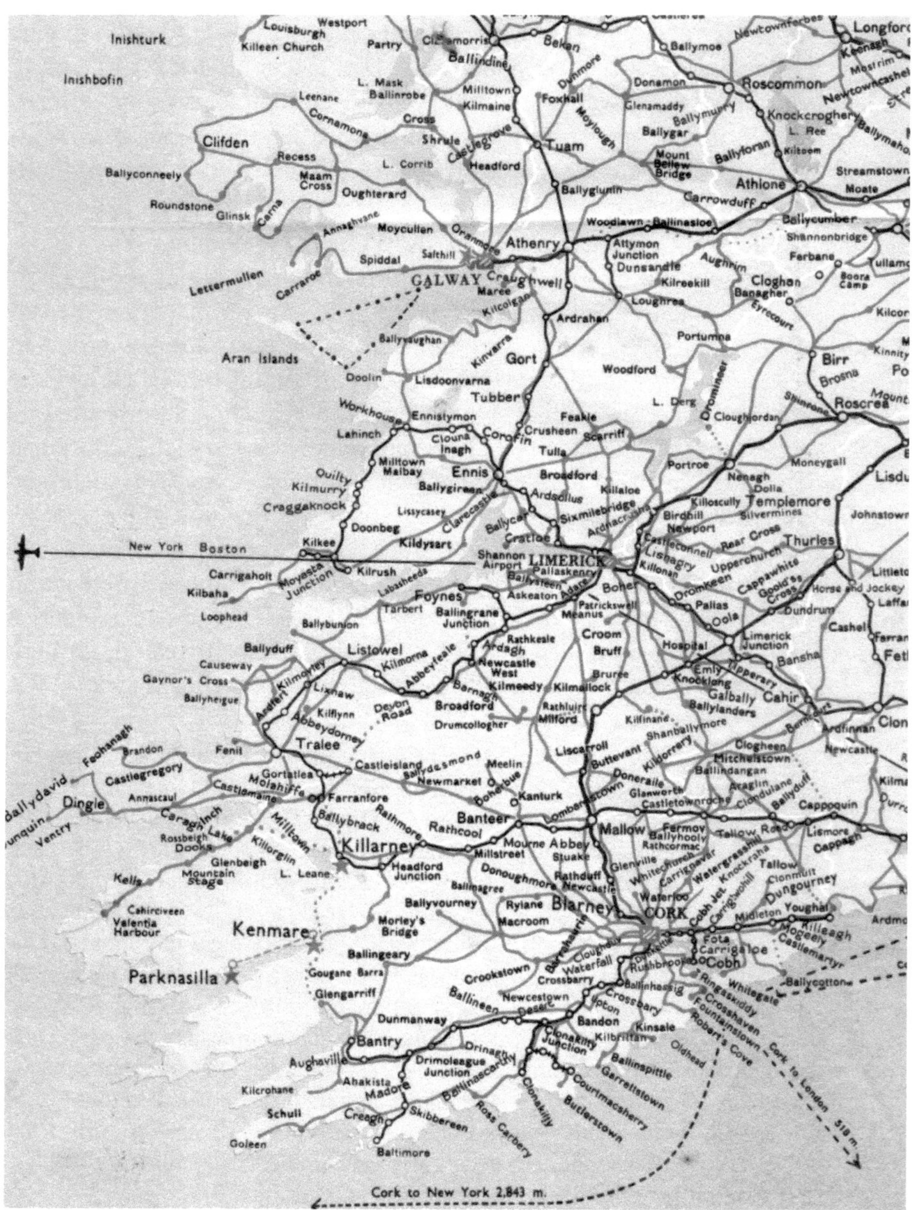

Ausschnitt (Originalgröße) der Irland-Karte aus der hinteren Klappe des *Ireland Guide*, published by Bord Fáilte Éireann (Dublin: Bord Fáilte Éireann o.J. [1957 oder 1958]), vier Jahre nach der von Schmidt benutzten Ausgabe erschienen; Abweichungen gegenüber der zu Schmidts Ausgabe gehörenden Landkarte sind nicht auszuschließen.

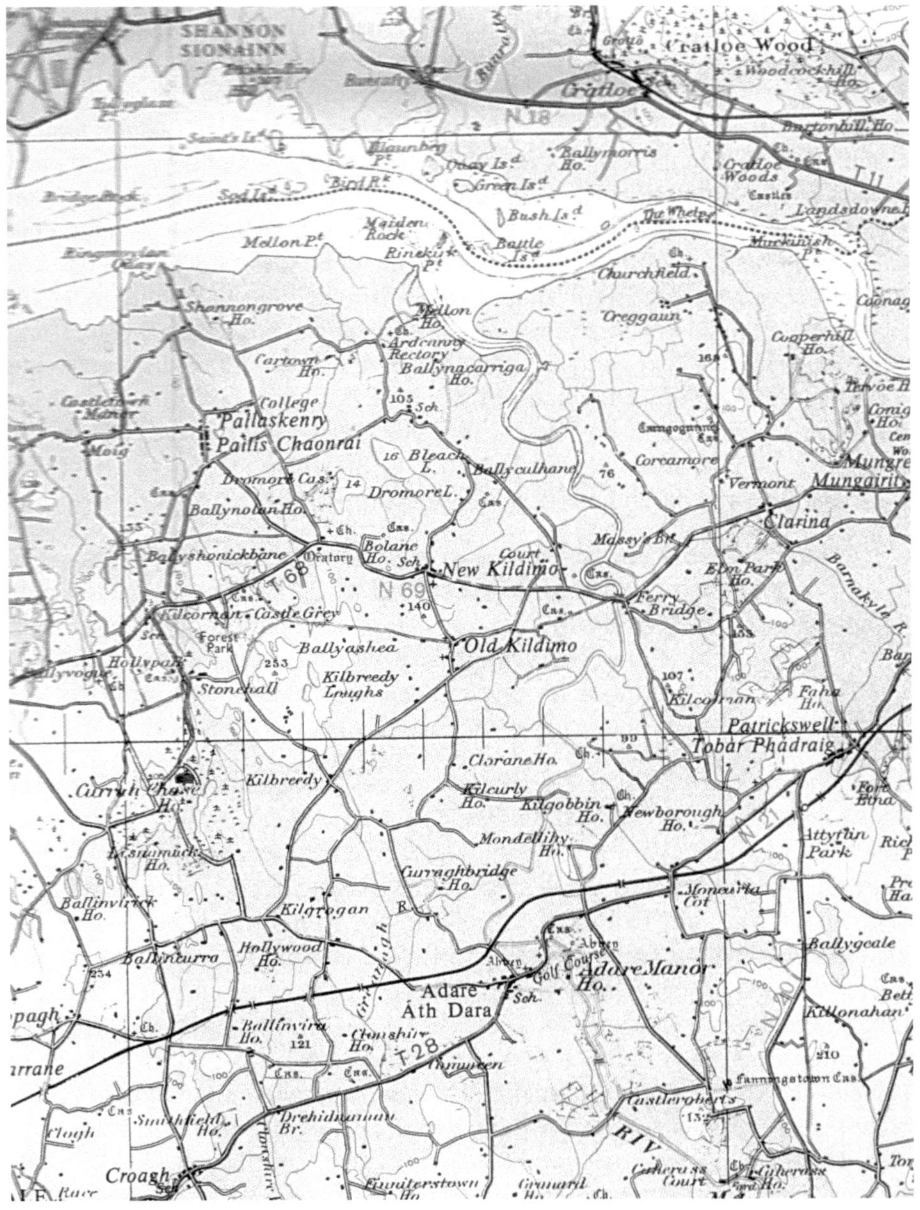

Ausschnitt (Originalgröße) aus Blatt 17 („Shannon Estuary") des aus 25 Einzelblättern bestehenden Kartenwerks im Maßstab „1 : 126,720, ½ inch to 1 mile" des Ordnance Survey of Ireland, hier im Bearbeitungsstand von 1986. Einen Irland-Atlas dieses Maßstabs, wie Schmidt ihn in *Das steinerne Herz* erwähnt, hat es nie gegeben.

kann ausgeschlossen werden, daß Schmidt den Führer erst bei einem späteren Aufenthalt in Hannover gekauft hat, denn schon im Folgejahr wäre die nächste Ausgabe dieses von der irischen Fremdenverkehrsbehöre in Umlauf gebrachten Kompendiums greifbar gewesen). Diesem *Ireland Guide* liegt in der hinteren Umschlagklappe eine kleinmaßstäbliche Landkarte Irlands bei, in der direkt unterhalb vom „LIMERICK“ und oberhalb von „Adare“ am Südufer des Shannon-Ästuars (schräg gegenüber von Shannon Airport) ein kleiner Ort namens „Pallaskenry“ eingezeichnet ist, dessen letzte vier Buchstaben schwer zu entziffern sind, da eine Straßenlinie halb hindurchgeht; Schmidt verliest den Ortsnamen deswegen offenbar als „Pallaskenny“ und fügt ihn so in den Text von *Das steinerne Herz* ein. Bei einer aufmerksamen Lektüre des *Ireland Guide* hätte Schmidt seine Fehlentzifferung durchaus auffallen können, denn im Kapitel über die Grafschaft Limerick endet der knappe Abschnitt über „ABBEYFEALE“ mit einem Absatz, in dem das Dorf erwähnt und durch Fettdruck hervorgehoben wird:

> Farther west on the main road to Askeaton, and in a district containing many ruined medieval castles, is *Kildimo*, near which stands the ancient oratory of *Killulta*, believed to be the oldest church in the county. *Copsewood House*, near **Pallaskenry**, 2 miles north of the road, is now a missionary and agricultural college (Dept. of Agriculture) conducted by the Salesian Fathers.[32]

Möglicherweise hatte sich die Fehllesung des Karteneintrags bei Schmidt aber schon festgesetzt, zumal die hier falsche Endung „-kenny“ in anderen irischen Ortsnamen häufig vorkommt. Die irische Version von Pallaskenry lautet in der Schreibung des heutigen Ortsschilds „PAILÍS CHAONRAÍ“, was soviel wie „die Palisadeneinfriedung des Kenry“ bedeutet; Kenry ist also ein Eigenname ohne ermittelbare tiefere Bedeutung, und „Pallas“ hat weder mit der griechischen Göttin Pallas Athene noch mit den Pfälzern (engl. „Palatines“) etwas zu tun, auch wenn Schmidt mangels ihm zugänglicher Informationen darüber spekuliert haben mag; die Pfälzer werden in seinem *Ireland Guide* zwar nicht in Zusammenhang mit Pallaskenry erwähnt, sehr wohl aber in den Abschnitten über die im Umland zu findenden Orte Kilfinane, Adare und Rathkeale[33]. Im Abschnitt über die Stadt Limerick erwähnt der Führer, daß es dort eine Bibliothek gibt, „The Carnegie

---

32 Ebd., S. 309.

33 Vgl. ebd., S. 298, 306.

Library"[34], eine Information, die sicherlich nicht für die fiktive Kriegsinternierung Karl Thumanns von Belang ist, aber möglicherweise für die vorausgegangenen Auswanderungsüberlegungen Arno Schmidts. Die Beschreibung der Grafschaft Limerick endet mit einem Abschnitt über den nordwestlichsten Ort der Grafschaft, gut 30 Kilometer westlich von Pallaskenry: „Glin, on the Shannon shore, 8 miles west of Foynes, is a centre of the dairying industry."[35] Dieses Detail könnte in Schmidts Entscheidung eingegangen sein, aus Karl Thumann den Fahrer eines Milchlastwagens zu machen. Pallaskenry liegt übrigens nicht direkt am Shannon, sondern etwa drei Straßenkilometer von dessen Ufer entfernt[36]; das geht aus Schmidts *Ireland Guide* aber gar nicht und aus der dazugehörigen Karte nur sehr ungenau hervor.

Meine These ist also, daß der Schauplatz, den Schmidt für Thumanns irische Abenteuer in *Das steinerne Herz* wählt, in genau jener Gegend liegt, die Schmidt sich zuvor gedankenspielerisch als passendes Ziel einer eigenen Auswanderung nach Irland zurechtgelegt hat. Die Grafschaft Limerick vereint mehrere Eigenschaften, die Schmidt wichtig gewesen sein dürften, nämlich relativ flaches Land, beschauliche Ruhe in schöner Landschaft und gleichzeitig die Nähe zu einer größeren Stadt – so jedenfalls wird die Grafschaft in Schmidts *Ireland Guide* eingeführt:

COUNTY LIMERICK

(Contae Luimnig)

Much of Limerick county is low and undulating – particularly the eastern portion, which forms part of the rich plain known as the Golden Vale. There are, however, considerable elevations towards the west, south and north-east fringes of the county, and in the south-east the Galtee Mountains reach into Limerick from County Tipperary.

Limerick City, standing where the River Shannon becomes tidal, is one of the best-built and most progressive of Irish towns. An historic place with many interesting features, it is also an important port and industrial centre.

---

34 Ebd., S. 292.

35 Ebd., S. 312.

36 Vgl. Friedhelm Rathjen, *Bargfeld und die Welt. Ein Arno-Schmidt-Bildatlas* (Scheeßel: Edition ReJoyce 2010), S 90 (und Fotos vom Ort und dem Bootsanleger ebd., S. 91-93).

> The county in general is a place of quiet beauty and rural charm. It offers good sport to the angler and golfer, and contains some of the finest hunting country in Ireland. The discriminating traveller will find much to interest him in touring this pleasant region.[37]

Mit den beiden Passagen des ersten Romanteils, die Thumanns Erlebnisse als Kriegsinternierter in Irland skizzieren, scheint Schmidt sein irisches Pulver in *Das steinerne Herz* schon weitgehend verschossen zu haben; in den beiden weiteren Romanteilen kommt das Thema kaum noch vor. Die einzige Ausnahme ist im dritten Romanteil die Überlegung des Ich-Erzählers Walter Eggers, was er seinen Gastgebern als Weihnachtsgeschenke besorgen solle: „Für Karl den wunderbaren Straßenatlas von Irland, 2 miles 1 inch (d.h. also Maaßstab 1:130000): da kann er im Geist die alten Gälenstraßen wieder langfahren.“[38] In Hannover besorgt er dann als Dreingabe „Beim Optiker noch eine große Leselupe für Karl, zum Irland=Atlas, 110 Millimeter“[39]. Das ist alles gut gemeint, wie es sich für Geschenke halt gehört, geht aber fehl, jedenfalls außerhalb der Romanfiktion. Einen irischen *Road Atlas* des genannten Maßstabs gab und gibt es nicht; vielmehr ist Schmidt beim Studium seines *Ireland Guide* einem Mißverständnis zum Opfer gefallen. Im Abschnitt „GENERAL INFORMATION“ steht dort unter „Maps“ der Hinweis: „For travellers the half-inch to the mile series (in twenty-five sheets) is ideal.“[40] Der Maßstab ist von Schmidt weitgehend korrekt umgerechnet worden (offiziell laufen die Karten unter der Bezeichnung „Scale 1 : 126,720, ½ inch to 1 mile“), nur hat er übersehen, daß es sich keineswegs um einen Atlas handelt, sondern um eine Serie von Einzelkarten, deren Basis schon im 19. Jahrhundert gelegt wurde, die aber noch in den 90er Jahren des 20. Jahrhunderts in aktualisierter Form im Handel allpräsent waren, bis sie von einem neuen Kartenwerk im dezimalen Maßstab 1 : 50.000 abgelöst wurden. Blatt 17 des Kartenwerks, „Shannon Estuary“, hätte Schmidt bei der Arbeit an seinem Roman sicherlich nützlich sein können, doch konnte er davon (und von den „alten Gälenstraßen“) nur träumen. Mit seinen begrenzten Möglichkeiten hat Schmidt die von ihm erdachte irische Episode des Karl Thumann nicht anders als stark fehlerhaft darstellen können.

---

37 *Ireland Guide*, a.a.O., S. 288.

38 Schmidt, *Das steinerne Herz*, a.a.O., S. 119.

39 Ebd., S. 147.

40 *Ireland Guide*, a.a.O., S. 37.

Daß dies schon für die grobe Grundanlage des Themas einer Kriegsinternierung in Irland gilt, zeige ich im nächsten Kapitel, bevor wir dann zu Schmidts Auswanderungsplänen zurückkehren.

Offener Vollzug

Gefangen in Irland 1939-45

Eckpfeiler irischer Politik und irischen Selbstverständnisses während des Zweiten Weltkriegs ist die strikte Weigerung, sich an Kriegshandlungen zu beteiligen oder sich in solche hineinziehen zu lassen. Ministerpräsident Éamon de Valera, der gleichzeitig als Außenminister agiert, setzt diese Neutralität in zwei Schritten um. Am 2. September 1939, also einen Tag nach dem Überfall Hitlers auf Polen, ruft er den nationalen Notstand aus; am 3. September, wenige Stunden nach der englischen Kriegserklärung an Deutschland, verkündet er in einer Rundfunkansprache, daß er die eilig erlassene Notstandsgesetzgebung nutzen werde, um Irland aus dem Krieg herauszuhalten.[1] Bemerkenswert und heikel ist dieser Schritt, weil Irland de facto keineswegs ein eigenständiger Staat ist. Der Freistaat, der 1922 nach Ende des Unabhängigkeitskriegs gegründet wurde, sah vielerlei Verflechtungen mit Großbritannien vor, so vor allem die Mitgliedschaft im Commonwealth und die Anerkennung des englischen Königs als Staatsoberhaupt, in Irland vertreten durch einen Generalgouverneur. 1937 wird zwar durch den seit 1932 amtierenden Regierungschef de Valera eine neue Verfassung installiert, die den Generalgouverneur durch einen irischen Staatspräsidenten ersetzt, aber die formelle Hoheit über alle diplomatischen Beziehungen verbleibt zumindest nach britischer Auffassung beim Außenamt des Commonwealth in London. Zudem ist Irland wirtschaftlich fast komplett von Großbritannien abhängig.

Die Neutralität während des Krieges ist deshalb ein Balanceakt, der nur gelingt, weil de Valera hinter der Fassade dieser Neutralität keineswegs unparteiisch agiert. Im Unterschied zu vielen seiner Landsleute hegt de Valera keinerlei Sympathien für Hitler und die Nazis, er verabscheut sie nicht zuletzt ihres rücksichtslosen Umgangs mit Katholiken wegen. So begünstigt er die Alliierten im Krieg heimlich auf vielerlei Weise, etwa durch geheimdienstliche Zusammenarbeit, die Weitermeldung von Schiffssichtungen in irischen Gewässern und die Umleitung allen Waren-, Post- und Funkverkehrs über Großbritannien, weigert sich aber trotz heftigsten Drängens insbesondere durch Premier Winston Churchill, irische Häfen für alliierte Schiffe zu öffnen oder auf sonstige Weise offen Partei zu ergreifen. Selbst

---

1 Vgl. Eunan O'Halpin, *Defending Ireland. The Irish State and its Enemies since 1922* (Oxford: Oxford University Press 1999), S. 240 f.

das geheime Angebot der Briten, im Gegenzug zur Überlassung irischer Häfen in die Vereinigung beider Teile Irlands einzuwilligen, schlägt de Valera aus Furcht vor innenpolitischen Komplikationen und der Gefahr eines erneuten Bürgerkriegs aus.[2] Der äußere Schein der Gleichbehandlung geht so weit, daß de Valera schließlich nach Hitlers Tod sogar zum Kondolenzbesuch beim deutschen Botschafter in Dublin, Eduard Hempel, erscheint. Die zwar nicht offene, aber vielfältige Bevorzugung bleibt der deutschen Seite keineswegs verborgen, doch da der Status Irlands als neutraler Staat für die Deutschen mehr Vor- als Nachteile bietet, hat de Valera außer gelegentlichen Protestnoten nichts zu befürchten – sein Risikospiel geht auf, wiewohl es große Versorgungsschwierigkeiten im Lande zur Folge hat.

Da die Republik Irland nicht Kriegspartei ist, kann es auf ihrem Staatsgebiet keine Kriegsgefangenenlager geben – aber es gibt kriegsbedingt deutsche Gefangene auf der irischen Insel, und zwar in dreierlei Ausprägung: Kriegsgefangene in nordirischen Gefangenenlagern, gefangene Spione in irischen Gefängnissen und schließlich Internierte in einem speziell zu diesem Zweck hergerichteten Doppellager.

Nordirland ist aus britischer Sicht Teil des Vereinigten Königreichs, nach Lesart der irischen Verfassung hingegen ein Teil des eigenen Staates, der sich noch unter fremder Verwaltung befindet und möglichst bald mit dem Rest des Landes wiedervereinigt werden soll. Aus Rücksicht auf irische Befindlichkeiten oder wohl eher aus der Befürchtung heraus, es könnten Unruhen ausbrechen, agiert die britische Regierung in den Kriegsjahren zurückhaltend und führt beispielsweise für Nordirland keine Wehrpflicht ein (50.000 Nordiren melden sich immerhin freiwillig zu den Waffen, bemerkenswerterweise weniger als die 70.000 Südiren, die als Freiwillige in der britischen Armee dienen[3]). Lange wird auch darauf verzichtet, in Nordirland Kriegsgefangenenlager zu errichten; erst als Ende 1944 die Kapazitäten auf der Nachbarinsel erschöpft sind, werden auch in Nordirland Kriegsgefangenenlager eingerichtet und im Januar 1945 in Funktion gesetzt. In sechs Lagern, allesamt im östlichen Bereich Nordirlands angesiedelt und zuvor als Aufmarschlager für amerikanische Truppen genutzt, werden insgesamt

---

2 Vgl. T. Ryle Dwyer, *Guests of the State. The story of Allied and Axis servicemen interned in Ireland during World War II* (Dingle: Brandon 1994), S. 22 f.

3 Vgl. Ruth Dudley Edwards with Bridget Hourican, *An Atlas of Irish History* (London und New York: Routledge [3]2005), S. 142.

13.000 deutsche Heeres-, Marine- und Luftwaffensoldaten gefangengehalten, manche noch bis 1948. Die relative Nähe zur inneririschen Grenze gibt diesen Gefangenen zumindest die theoretische Chance zur Flucht auf neutrales Territorium. Peter Grubbe berichtet in seinem Irland-Buch von Gesprächen mit südirischen Zivilisten und auch Grenzpolizisten, die behaupten, „mehr als einem“ aus Nordirland über die Grenze geflohenen deutschen Kriegsgefangenen geholfen zu haben.[4] Glaubhaft ist das kaum. Zwar gelingt tatsächlich insgesamt zwanzig Gefangenen die Flucht aus den Lagern, und mindestens vier davon gelangen sogar über die Grenze, aber die irische Regierung hat dies (und die sich daraus zu entwickeln drohenden diplomatischen Schwierigkeiten) vorausgesehen und unter größter Geheimhaltung eine 35 Meilen breite „Kontrollzone“ entlang der Grenze definiert – wer innerhalb dieser Zone aufgegriffen wird und keine gültigen Aufenthaltspapiere vorweisen kann, wird an die Grenze gebracht und wieder nach Nordirland „entlassen“, allerdings nicht direkt den nordirischen Behörden übergeben. Auf diese Weise wahrt die Republik Irland unter de Valera den Schein der Neutralität, agiert de facto aber im Sinne der Alliierten. Nach Kriegsende wird den Kriegsgefangenen erlaubt, außerhalb der Lager in der Landwirtschaft oder auf dem Bau zu arbeiten; später wird auch das Fraternisierungsverbot aufgehoben, und die lokale Bevölkerung darf frei mit den Deutschen verkehren.[5]

Als eventuelle Vorbilder für den in Irland internierten Karl Thumann aus Arno Schmidts *Das steinerne Herz* taugen diese Gefangenen jedoch nicht, da sie sich eben auf nordirischem (d.h. britischem) Boden befinden und nicht in der Republik Irland, zudem sind es keine Internierten, sondern wirklich Kriegsgefangene im engeren Sinne.

Etwas komplizierter sieht es im Fall deutscher Spione aus. Der erste Spion der Nazis wird schon vor Kriegsausbruch nach Irland geschickt, nämlich im August 1939; es folgen 1940 sechs und 1941 zwei weitere Spione; Ende 1943 werden dann noch zwei gebürtige Iren als Spione in ihr Heimatland geschickt. Die allermeisten Spione werden schon am Tag ihrer Ankunft

---

4 Peter Grubbe, *Wo die Zeit auf Urlaub geht. Irland, die Insel der Elfen, Esel und Rebellen* (Wiesbaden: Brockhaus 1954), S. 133; vgl. auch ebd., S. 14.

5 Vgl. Bernard Kelly, „Breaking into Emergency Ireland“, in *History Ireland* 25.5 (2017), S. 44-47; außerdem anon., „German Prisoners of War in Northern Ireland“, <https://wartimeni.com/article/german-prisoners-of-war-in-northern-ireland>, und anon., „German Prisoners of War“, <https://www.wartimegilford.com/prisoner-of-war-camp>.

oder kurz darauf ergriffen und festgenommen.[6] Die bemerkenswerteste Ausnahme ist Hermann Görtz (1890-1947), der am 12. Mai 1940 mit dem Fallschirm über Irland abspringt. Görtz hat auf Reisen in Irland und den USA schon in den 20er Jahren Sympathien für den irischen Republikanismus entwickelt und in den späten 30ern einige Jahre wegen Spionage in einem englischen Gefängnis verbracht. Sein aktueller Auftrag besteht darin, Informationen über die Lage in Irland nach Berlin zu funken (was mißlingt, da er schon bei der Landung sein Funkgerät verliert) und vor allem Kontakt zu den Untergrundkämpfern der Irisch-Republikanischen Armee (IRA) aufzunehmen, um sie zu überreden, von der Bekämpfung des irischen Staats abzulassen, statt dessen ihre Aktionen auf Nordirland zu konzentrieren, außerdem in die reguläre irische Armee einzutreten und durch geheime Kontakte sowie einen Informationsaustausch darauf hinzuwirken, Irland als Bündnispartner für Deutschland zu gewinnen. Es stellt sich allerdings schnell heraus, daß diese Ziele nicht zu erreichen sind – die Lage in Irland ist ganz anders, als Görtz und der deutsche Geheimdienst es vermutet haben, die IRA-Anführer sind zerstritten und in Görtz' Augen unfähig, und zudem kommt er kaum dazu, im Sinne seines Auftrags tätig zu werden, da er genug damit zu tun hat, von einem Versteck ins nächste zu hetzen, immer gejagt von den irischen Sicherheitsbehörden. Am 12. November 1941 wird er schließlich bei einer Razzia gegen IRA-Mitglieder verhaftet und kommt zu seinen bereits einsitzenden Spionskollegen ins Gefängnis. Im September 1946 erhalten die inhaftierten Spione trotz eines britischen Auslieferungsbegehrens politisches Asyl in Irland. Görtz wird Sekretär der *Save the German Children Society*, die im Rahmen der „Operation Shamrock" knapp 500 verwaiste und vernachlässigte deutsche Kinder nach Irland holt und betreut; in diese Aktion sind etliche für ihre Deutschenfreundlichkeit (und meist auch Britenfeindlichkeit) bekannte Persönlichkeiten involviert, so der ehemalige Freiheitskämpfer Dan Breen. Die deutschen Spione allerdings werden im April 1947 auf Intervention Englands und der USA doch wieder verhaftet; der drohenden Abschiebung entzieht sich Görtz durch Freitod; bei seiner Beerdigung ehren ihn etliche irische Sympathisanten mit einer Hakenkreuzfahne und dem Hitlergruß.[7]

---

6 Vgl. Joseph T. Carroll, *Ireland in the War Years 1939-1945* (New York: Crane, Russak and Co. 1975), S. 12.

7 Vgl. anon., „Oper mit Orden", in *Der Spiegel* 50 (6. Dezember 1961), S. 62-66; Hermann Rasche, „Hermann Goertz – der Mann, der kein Glück hatte. Ein deutscher Spion im irischen Untergrund 1939-1945",

Im Zusammenhang mit Arno Schmidts Roman *Das steinerne Herz* könnte bemerkenswert erscheinen, daß die zehn deutschen Spione nicht dauerhaft im Dubliner Hauptgefängnis Mountjoy einsitzen, sondern – zur Verhinderung von Absprachen mit IRA-Delinquenten und Erschwerung möglicher Ausbruchsversuche – Ende 1942 weiter Richtung Westen in ein Militärgefängnis in Athlone verlegt werden; nach der Entscheidung, den Gefangenen Asyl zu gewähren, erhalten diese tagsüber Ausgang, dann auch die Möglichkeit, sich eine Wohnung und Arbeit zu suchen.[8] Athlone liegt am Mittellauf des Shannon; Görtz und seine Mitspione wären also zumindest zu Ende ihrer Internierung in der Lage gewesen, im Shannon zu baden und dort auch in der Landwirtschaft zu arbeiten, wie Schmidt es seiner Figur Karl Thumann weiter unten am Lauf des Flusses ermöglicht. Allerdings gibt es nicht die geringsten Anzeichen dafür, daß Schmidt etwas von den Spionen oder gar den Umständen ihrer Inhaftierung gewußt haben könnte – und überhaupt ist Thumann eben nicht als Spion, sondern als Kriegssoldat nach Irland geraten und dort interniert worden[9]. Auch solche Fälle hat es natürlich real gegeben.

Am 20. August 1940 verliert der Pilot einer Maschine der deutschen Luftwaffe während eines Erkundungsfluges an der Südwestküste Irlands im Nebel die Orientierung, und beim Versuch, die Maschine über das erst im letzten Moment erkannte Massiv des Mount Brandon hinwegzuziehen, kommt es zu einer Bruchlandung, bei der sich zwei der sechs Besatzungsmitglieder Verletzungen zuziehen, aber niemand zu Tode kommt. Die sechs Soldaten werden von einem offiziellen Suchtrupp in Gewahrsam genommen, sehr zum Unwillen der örtlichen Bevölkerung, die eher mit den Deutschen als mit den immer noch verhaßten Engländern sympathisiert; die beiden Verletzten kommen in ein Krankenhaus, die übrigen zunächst in eine nahegelegene Kaserne, am nächsten Tag dann in die Collins-Kaserne in

---

in *irland journal* VIII.1 (1997), S. 38-41. Beide Darstellungen basieren auf der umfassenden Aufarbeitung von Enno Stephan, *Geheimauftrag Irland. Deutsche Agenten im irischen Untergrundkampf 1939-1945* (Oldenburg und Hamburg: Stalling 1961).

8 Vgl. Günther W. Gellermann, *Tief im Hinterland des Gegners ... Ausgewählte Unternehmen deutscher Geheimdienste im Zweiten Weltkrieg* (Bonn: Bernard & Graefe 1999), S. 41 f.; außerdem Stephan, *Geheimauftrag Irland*, a.a.O., S. 310, 337 f.

9 Vgl. Arno Schmidt, *Das steinerne Herz. Historischer Roman aus dem Jahre 1954 nach Christi*, in Bargfelder Ausgabe, Bd. I/2 (Zürich: Haffmans 1986), S. 7-163, hier S. 38.

Cork. Am 31. August werden alle sechs Soldaten in den Militärkomplex „The Curragh“ im irischen Binnenland etwa 50 Kilometer südwestlich von Dublin transferiert, wo zu diesem Zweck eilig ein Internierungslager eingerichtet wird.[10]

Der Curragh ist ursprünglich 1854 zu Beginn des Krimkriegs von den Briten eingerichtet und seither kontinuierlich ausgebaut worden; 1922 nach dem Unabhängigkeitskrieg hat ihn das irische Militär übernommen. Bei Ausbruch des Zweiten Weltkriegs sind auf dem etwa 20 Quadratkilometer umfassenden Gelände knapp 6000 Soldaten stationiert, teilweise mit ihren Familien; auf dem Areal befinden sich außerdem eine Pferderennbahn, auf der alle wichtigen irischen Rennen ausgetragen werden, sowie die modernsten Schwimmbäder und Sportstätten des Landes. Während des irischen Bürgerkriegs 1922/23 sind in einem Barrackenlager, das seiner Wellblechdächer wegen allgemein „Tintown“ genannt wird, Kämpfer der IRA gefangengehalten worden; im frühen Stadium des Zweiten Weltkriegs wird dieses Lager zum Teil reaktiviert – etwa 500 Aktivisten der 1936 vom irischen Staat für illegal erklärten IRA (die im Januar 1939 eine Kriegserklärung an Großbritannien formuliert und in einer mehrmonatigen Anschlagsserie sieben Menschen tötet und etwa 200 verletzt[11]) und andere potentielle Staatsfeinde werden hier im Lager 1 interniert. Zur Aufnahme der deutschen Flieger wird nun zusätzlich ein Lager 2 eingerichtet, wobei auf möglichst große räumliche Trennung geachtet wird, um Kontakte zwischen der IRA und den Deutschen zu verhindern; das neue Internierungslager wird in einem Bereich des Curragh errichtet, der auf Lageplänen den Buchstaben K trägt, weswegen das Lager 2 umgangssprachlich als „K Lines“ bezeichnet wird.[12]

In den ersten Wochen werden die deutschen Flieger recht rigide behandelt, doch schon bald ergibt sich die Notwendigkeit, die Rahmenbedingungen der Gefangenschaft zu lockern – nicht nur, weil der deutsche Botschafter in Dublin, Eduard Hempel, interveniert, sondern vor allem, weil am 29. September 1940 der englische Luftwaffenoffizier Paul Mayhew mit seinem Jagdflugzeug im Anschluß an einen Luftkampf bei Kilmuckridge in

---

10 Vgl. Dwyer, *Guests of the State*, a.a.O., S. 24-27.

11 Vgl. Bernard Kelly, *Military Internees, Prisoners of War and the Irish State during the Second World War* (Basingstoke: Palgrave Macmillan 2015), S. 13.

12 Vgl. Hugh Crawford, „The Internment Camps“, in *The Curragh Revisited* (Newbridge: Donovan 2002), S. 10-14, hier S. 11 f.

der südöstlichen irischen Grafschaft Wexford landet; ihm geht das Benzin aus, und er glaubt irrigerweise, über Wales zu sein. Er ist seit Kriegsausbruch zwar nicht der erste britische Flieger, der auf irischem Terrain niedergeht, aber anders als bei den früheren Vorfällen kann man Mayhew nicht mit der Ausrede, er sei an keinen Kampfhandlungen beteiligt gewesen, stillschweigend wieder davonfliegen lassen, zumal seine Landung erhebliches öffentliches Interesse geweckt hat.[13] Es wird daher nötig, nun auch Mayhew zu internieren, weswegen das Lager 2 „K Lines" nunmehr zu zwei getrennten Internierungslagern erweitert wird, einem „G Camp" für die Deutschen und einem „B Camp" für die Briten und andere Alliierte. Beide Internierungslager füllen sich in den Folgemonaten und -jahren mit weiteren Luftwaffenkämpfern beider Seiten, die aufgrund von Gefechten, Desorientierung, Spritmangel oder technischen Defekten auf irischem Gebiet zu Boden gehen. Auf deutscher Seite sind es bis Ende 1943 54 Luftwaffensoldaten, die auf diese Weise nach Irland gelangen und sämtlich im Curragh interniert werden[14]; im gleichen Zeitraum werden 45 alliierte Luftwaffensoldaten interniert (31 Briten, acht Kanadier, drei Polen, ein Franzose, ein Neuseeländer und ein Amerikaner[15]), viele weitere hingegen unter größtmöglicher Geheimhaltung ungeschoren gelassen, im Falle von Treibstoffmangel auch neu betankt (einer geheimen Absprache gemäß liefert England dem während des Krieges an Versorgungsmangel leidenden Irland für alle so eingesetzten Treibstoffe als Ausgleich die doppelte Menge gratis[16]).

Wenngleich die irische Führung unter Regierungschef und Außenminister de Valera im Zeichen der erklärten Neutralität nicht umhin kommt, zumindest einen Teil der im Land notgelandeten oder abgestürzten britischen Luftwaffenflieger zu internieren, so besteht doch kein Interesse an einem übertrieben harten Gefangenschaftsregime. Nachdem man sich erkundigt hat, wie Internierungen in anderen neutralen Staaten gehandhabt werden, ist man also um größtmögliche Lockerungen bemüht – die dann aber der er-

---

13 Vgl. Dwyer, *Guests of the State*, a.a.O., S. 33.

14 Vgl. die Liste aller deutschen und österreichischen Internierten in Nicole Altmanninger, *„Die Gefangenen der Grünen Insel". Irlands Neutralität während des zweiten Weltkrieges mit besonderem Fokus auf deutsche und österreichische „Prisoners of War" im Internierungslager Curragh Camp* (Diplomarbeit, Universität Wien 2013, <http://othes.univie.ac.at/27352>), S. 100-106.

15 Vgl. Kelly, *Military Internees, Prisoners of War and the Irish State during the Second World War*, a.a.O., S. 2.

16 Vgl. Dwyer, *Guests of the State*, a.a.O., S. 92.

klärten Neutralität wegen ebenso für die deutschen Internierten zu gelten haben. So werden – auch unter diplomatischem Druck der beteiligten Parteien – sukzessive immer weiter gehende Erleichterungen für die Internierten beider Seiten eingeführt. Recht bald gibt es Ausgangsregelungen, denen zufolge die Internierten wöchentlich an zwei, später an drei Vormittagen und schließlich sogar täglich das Schwimmbad der irischen Armee nutzen können und nachmittags Freigang auf dem Curragh-Gelände haben, wo ihnen diverse Sportstätten zu Verfügung stehen. Abends dürfen sie das Lager auf Ehrenwort verlassen, um ins Kino zu gehen oder sich anderweitig zu amüsieren; öffentliche Gaststätten und Hotelbars sind anfangs tabu, doch gibt es für jedes der beiden Internierungslager eine eigene Bar, in der Getränke zu zollfreien Preisen ausgeschenkt werden. Die Internierten werden üppig bekocht, wobei den Deutschen das irische Essen allerdings zu fleischlastig ist – sie schaffen selbst Abhilfe, indem sie sich im Camp einen Garten anlegen und Gemüse ziehen.[17] Nach einiger Zeit bekommen die Internierten die Erlaubnis, sich auf Ehrenwort auch außerhalb des Curragh-Geländes frei in einem Areal zu bewegen, das die drei nächstgelegenen Kleinstädte Newbridge, Kilcullen und Kildare einschließt, und einmal monatlich (später wöchentlich) mit dem Bus nach Dublin zu fahren, um ihre diplomatischen Vertretungen aufzusuchen; die abendlichen Ausgehzeiten werden mehrmals ausgeweitet, zum Teil besteht auch die Möglichkeit, über Nacht auszubleiben. In der Anfangszeit werden Internierte auf Ausgang in auffälliger Weise beschattet (auch zu ihrem Schutz, sollten sie womöglich angegriffen werden).[18] Später wird diese Art der Überwachung eingestellt, allerdings sieht der irische Militärgeheimdienst alle Post durch und überprüft auch alle Außenkontakte der Internierten auf Ausgang.

Solche Außenkontakte nehmen im selben Maße zu, in dem die Ausgangszeiten erweitert werden. Die Internierten erhalten für ihre persönlichen Bedürfnisse wöchentlich eine je nach Dienstrang abgestufte (und ihrem Herkunftsstaat in Rechnung gestellte) Geldsumme, deren Höhe den Sold ihrer Bewacher oftmals übersteigt, so daß sie sich gut kleiden und auch sonst viel Eindruck schinden können; insbesondere die deutschen Internierten sind bei den Frauen der Umgebung recht beliebt, was zu gelegentlichen Problemen mit gehörnten Ehemännern, der rigiden katholischen Moral der irischen Staatskirche und auch mit Geschlechtskrankheiten führt.[19] Die

---

[17] Vgl. ebd., S. 65-69.

[18] Vgl. ebd., S. 40, 79.

[19] Vgl. ebd., S. 66, 225.

deutschen Internierten sind in weitaus stärkerem Maße von ihrer Heimat abgeschnitten als die britischen, gerade deswegen scheinen sie aber auch eher bereit, das Bestmögliche aus ihrer Situation zu machen, während bei den alliierten Internierten das Hauptaugenmerk darauf liegt, aus der Internierung über die relativ nahe Grenze zu fliehen. So kommt es regelmäßig zu Fluchtversuchen, die meist scheitern, bisweilen aber auch gelingen – entweder werden mit körperlicher Gewalt Stacheldrahtzäune und Wachen überwunden, oder es wird zu Tricksereien mit den Ausgangsbewilligungen auf Ehrenwort Zuflucht genommen. So können bis Ende 1942 immerhin elf alliierte Internierte fliehen. Ein einziger deutscher Internierter entkommt am 22. Januar 1942 auf nicht eindeutig geklärte Weise aus dem Lager, schafft es mithilfe eines IRA-Sympathisanten in Dublin auf ein Schiff mit portugiesischem Reiseziel, wird aber an Bord entdeckt und beim obligatorischen Zwischenstop aller von und nach Irland gehenden Schiffe in einem englischen Hafen festgenommen; den Rest des Krieges verbringt er in einem britischen Kriegsgefangenenlager statt in irischer Internierung.[20]

Ende 1941 ändern sich die Rahmenbedingungen der irischen Internierungspolitik durch den Kriegseintritt der USA. Da die Amerikaner nun Kriegspartei sind, müßte Irland nach Maßgabe des bisherigen Verfahrens bereit sein, auch amerikanische Soldaten zu internieren, und erschwerend kommt hinzu, daß amerikanische Militärmaschinen nun vermehrt den irischen Luftraum nutzen, um Flugbasen in Großbritannien zu erreichen. Ein erster amerikanischer Jagdpilot, wenn auch in Diensten der britischen Luftwaffe, hat sich schon am 30. November 1941 (wenige Tage vor der amerikanischen Kriegserklärung an Deutschland und Italien) in der nordwestlichsten irischen Grafschaft Donegal nur per Fallschirm aus seiner abstürzenden Maschine retten können und ist anschließend interniert worden, was zu heftigen diplomatischen Irritationen führt.[21] Um die Beziehungen zu den USA, die (wie auch die Briten) mit der irischen Neutralitätspolitik alles andere als glücklich sind, nicht weiter zu belasten, beschließt de Valera, künftig alliierte Flieger, die auf irischem Boden landen, nur noch dann zu internieren, wenn sie sich im Kampfeinsatz befinden – und gleichzeitig gibt er Order, bei Amerikanern grundsätzlich nie von einem Kampfeinsatz auszugehen. So landen zwar bis Ende des Krieges noch mindestens 260 amerikanische Luftwaffensoldaten auf irischem Boden, werden aber alle

---

20 Vgl. ebd., S. 122 f.
21 Vgl. ebd., S. 88 f.

ohne viel Aufhebens wieder außer Landes geschafft.[22] In den Genuß der neuen Maßgabe, daß zwischen Kampfeinsätzen und sonstigen Flügen unterschieden wird, möchten nun naturgemäß auch die Briten gerne kommen, und tatsächlich kommt de Valera ihnen weitestgehend entgegen – nach Ende 1941 werden nur noch zweimal britische Piloten interniert, nämlich Ende Oktober 1942 ein einzelner Jagdpilot und Mitte Februar 1943 die fünfköpfige Besatzung eines Bombers. In beiden Fällen scheint die Internierung nur den Zweck zu haben, nach außen den Anschein der Gleichbehandlung aufrecht zu erhalten und den deutschen Botschafter Hempel zu beruhigen, dem trotz Nachrichtensperre nicht verborgen bleibt, daß die Iren in Dutzenden von Fällen auf die Internierung alliierter Soldaten verzichten und sogar hochrangige Militärs klammheimlich über die Grenze nach Nordirland schaffen.[23] Auch die Zahl deutscher Flieger, die interniert werden, geht 1942 und 1943 deutlich zurück, was allerdings nur daran liegt, daß die deutsche Luftwaffe zusehends an der Ostfront gebunden ist. 1944 kommt kein einziger weiterer deutscher Flieger ins Internierungslager; erst am 5. Mai 1945 landet noch einmal ein deutsches Kampfflugzeug auf einem irischen Flugfeld – es ist in Dänemark wenige Stunden vor Inkrafttreten der Kapitulation der dortigen deutschen Truppen mit der Order gestartet, sich ein beliebiges Ziel zu suchen, und die dreiköpfige Besatzung setzt sich kurzentschlossen ins neutrale Irland ab.[24]

Bisher war nur von internierten Angehörigen der Luftstreitkräfte die Rede, weswegen für die Umstände der Internierung Karl Thumanns in Schmidts Roman *Das steinerne Herz* – „Geleitzug; langsamstes Schiff; minisch abgedrängt in Nacht & Nebel: Cork angelaufen: interniert!“[25] – noch nicht einmal ansatzweise ein realistisches Vorbild auszumachen ist. Tatsächlich werden aber in zwei Fällen auch deutsche Marinesoldaten interniert. Am 29. Dezember 1943 fischt der kleine irische Frachter *Kerlogue*, der mit einer Ladung Apfelsinen auf dem Weg von Lissabon in die Heimat ist, westlich von Frankreich zu Dutzenden Schiffbrüchige aus dem eiskalten Atlantik. Es handelt sich um Überlebende eines Zerstörers und zweier Torpedoboote, die beim Versuch, als Geleitzug den Blockadebrecher *Alsterufer* zu sichern, von britischen Kreuzern versenkt worden sind. Von deutscher Seite wird die *Kerlogue* aufgefordert, Brest oder La Rochelle anzulaufen, von britischer

---

22 Vgl. ebd., S. 88 f.

23 Vgl. ebd., S. 114-118.

24 Vgl. ebd., S. 223 f.

25 Schmidt, *Das steinerne Herz*, a.a.O., S. 38.

Seite bekommt sie Order, Fishguard in Wales anzulaufen – der Kapitän ignoriert beides und nimmt statt dessen Kurs auf die irische Hafenstadt Cobh bei Cork, wo am 1. Januar 1944 164 Überlebende und ein Toter an Land gebracht werden. Die Überlebenden werden nach Erstversorgung und eingehender Befragung Ende Januar ins Curragh-Internierungslager geschafft.[26]

48 weitere deutsche Marinesoldaten werden am frühen Morgen des 13. März 1944 am Galley Head im Südwesten Irlands aufgegriffen, wo sie mit Gummiflößen anlanden; es handelt sich um die Besatzung eines U-Boots, das zwei Tage zuvor von der britischen Luftwaffe angegriffen worden und später gesunken ist. Auch diese Männer werden schließlich im Curragh-Lager interniert.

Zu diesem Zeitpunkt ist allerdings das vorherige „G Camp“ schon geräumt worden. Aufgrund gelegentlicher Spannungen zwischen deutschen und alliierten Internierten ist im Verlauf des Jahres 1943 der Plan gefaßt worden, das gesamte Lager „K Lines“ aufzulösen und die beiden Gruppen von Internierten in neue, räumlich weit getrennte Lager zu überführen. Für die alliierten Internierten wird ein Lager in Gormanston nördlich von Dublin errichtet; der Transfer dorthin erfolgt Mitte Oktober 1943 – allerdings werden von den zu diesem Zeitpunkt nur noch 31 Internierten lediglich elf tatsächlich ins neue Lager Gormanston gebracht, die übrigen klammheimlich an die Grenze nach Nordirland gefahren und in die Freiheit entlassen. Drei weitere Internierte werden in den Monaten danach mit unterschiedlichen Begründungen freigelassen; die letzten acht alliierten Internierten erhalten auf immer stärker werdendes Drängen der Briten hin Mitte Juni 1944 diskret die Freiheit – nach der erfolgreichen Landung alliierter Truppen in der Normandie zehn Tage zuvor sieht de Valera weniger Veranlassung denn je, die Fiktion der Neutralität allzu dogmatisch zu handhaben.[27]

Für die deutschen Internierten, deren Zahl durch die Marinesoldaten stark zunimmt, ist unterdes im Curragh im „Tintown“-Bereich ein Barrackenlager hergerichtet worden, das allerdings nicht dem ordentlichen Standard des „G Camp“ entspricht – die Barracken sind feucht, verschimmelt, eng und wenig wohnlich. Trotz heftiger Proteste der Internierten und des deutschen Botschafters erfolgt der Transfer am 25. Januar 1944. Zur Beruhigung der erhitzten Gemüter werden schon im Vorfeld Erleichterungen insbesondere bei den Ausgangsregeln vorgenommen. Ab November 1943 darf einer der

---

26 Vgl. Dwyer, *Guests of the State*, a.a.O., S. 187-194.

27 Vgl. ebd., S. 172-180.

Internierten in der personell stark unterbesetzten deutschen Botschaft in Dublin arbeiten, ein zweiter kommt einige Monate später hinzu. Fünf anderen Internierten wird schließlich erlaubt, in Dublin ein Haus anzumieten und zu studieren; im Oktober 1944 erweitert sich dieser Kreis zu fünfzehn Studenten am University College und drei weiteren am College of Technology. In Dublin werden von den Internierten mehrere Häuser angemietet, wobei sie Hilfe von der deutschen Kolonie in Dublin erhalten. Der Geheimdienst, der alle diese Aktivitäten im Blick behält, zählt 339 in Dublin lebende Deutsche (vielfach jüdischen Glaubens), von denen 192 gegen die Nazis, 100 für die Nazis und 47 indifferent seien; auch Liebesbeziehungen zwischen Internierten und ihren Vermieterinnen werden registriert.[28]

Viele der deutschen Internierten sind daran interessiert, durch Arbeit zusätzliches Geld zu verdienen. Einzige offizielle Möglichkeit dazu ist die Arbeit im Torfabbau – in den Kolonnen stehen üblicherweise mehrere Dutzend Saisonarbeitsplätze zur Verfügung, die allerdings nicht sonderlich beliebt sind. Manche Internierte erhalten zwar Stellenangebote anderswo, sollen diese Angebote aber eigentlich nicht annehmen dürfen, sofern genügend heimische Arbeitskräfte zur Verfügung stehen; ein Arbeitsvermittler, der sich die Internierten als Erntehelfer in der Landwirtschaft vorstellen kann, wird von oberster behördlicher Stelle sogleich zurückgepfiffen.[29] Einige der Internierten entdecken immerhin den Schwarzhandel mit jenem Alkohol, den sie im Lager zollfrei bekommen, als lukrative Einnahmequelle.[30]

Nach Kriegsende möchte Großbritannien die Internierten gern übernehmen; de Valera stimmt unter der Bedingung zu, daß niemand hingerichtet und niemand gegen seinen Willen in die sowjetische Besatzungszone verbracht wird. Diese Bedingung, die von britischer Seite zunächst akzeptiert, dann aber wieder infrage gestellt wird, verzögert das weitere Prozedere. Erst am 13. August 1945 gehen die Internierten im Hafen von Dublin in Zivilkleidung an Bord eines britischen Marineschiffs – allerdings nicht in vollständiger Zahl, sondern von den ingesamt 266 Internierten fehlen zwölf. Einer der Männer ist Anfang August aus dem Lager geflohen, sieben weitere (überwiegend Studenten) sind vom genehmigten Ausgang nicht zurückgekehrt (sie alle werden früher oder später wieder festgesetzt und

---

28 Vgl. ebd., S. 182 f., 210 f.

29 Vgl. ebd., S. 220 f.

30 Vgl. ebd., S. 211.

ausgewiesen).[31] Ein größerer Teil der Internierten sperrt sich gegen die Rückführung nach Deutschland; manche möchten mit Frauen, die sie hier kennengelernt und zum Teil schon geheiratet haben, eine Familie gründen, andere haben einen Arbeitsplatz in Aussicht, und vielen erscheint eine Zukunft in Irland rosiger als in Deutschland. De Valera entscheidet jedoch, daß grundsätzlich alle Internierten das Land verlassen müssen. Lediglich vier Männer erreichen, daß bei Ihnen eine Ausnahme gemacht wird; bei allen vieren handelt es sich um gebürtige Österreicher, die einen Antrag auf politisches Asyl stellen und diesen damit begründen, daß ihnen in Österreich eine Anklage wegen Hochverrats drohe.[32] Dabei mag es sich überwiegend um Schutzbehauptungen handeln, deren Wahrheitsgehalt von den irischen Behörden nicht zu überprüfen ist; zumindest einer der Männer hat aber wohl im Falle einer Heimkehr wirklich Strafmaßnahmen zu befürchten. Dabei handelt es sich um den gebürtigen Grazer Georg (später: George) Fleischmann (1912-95) – jenen Mann, der neun Jahr später Heinrich Bölls erster Ansprechpartner, Gastgeber, Fremdenführer, Chauffeur, Freund und Helfer in Irland wird. Aus der Böll-Sekundärliteratur ist bekannt, daß dieser Fleischmann 1936 an Leni Riefenstahls Film über die Olympischen Spiele von Berlin mitgewirkt hat und nach dem Krieg in Irland als Kameramann und Regisseur von Kultur- und Dokumentarfilmen Karriere macht[33]; nicht bekannt hingegen war bis zu den Recherchen Nicole Altmanningers im Österreichischen Staatsarchiv die frühe Nazi-Karriere Fleischmanns, der schon im Juni 1932 der NSDAP beitritt, rasch zum SA-Obersturmführer aufsteigt und sich als Mitglied einer NS-Terrorgruppe an Sprengstoffanschlägen in Österreich beteiligt. Vor der Verurteilung wegen dieser Aktivitäten flieht er im Juli 1934 nach Deutschland; in Berlin wird er schließlich technischer Leiter der Reichspropagandaleitung für Film.[34] In

---

31 Vgl. die genaue Auflistung in Altmanninger, *„Die Gefangenen der Grünen Insel“*, a.a.O., S. 107 f.

32 Vgl. Dwyer, *Guests of the State*, a.a.O., S. 236.

33 Vgl. Gisela Holfter, *Heinrich Böll and Ireland* (Newcastle: Cambridge Scholars Publishing 2011), S. 28-30. Zu Fleischmanns Karriere in Irland vgl. auch Harvey O'Brien, *The real Ireland. The evolution of Ireland in documentary film* (Manchester: Manchester University Press 2004), S. 79, sowie Roderick Flynn / Patrick Brereton, *Historical Dictionary of Irish Cinema* (Lanham, MD / Toronto / Plymouth: Scarecrow Press 2007), S. 124.

34 Vgl. Altmanninger, *„Die Gefangenen der Grünen Insel“*, a.a.O., S. 111.

den ersten Kriegsjahren wirkt er an Propagandafilmen für die Wochenschau mit[35]; am 1. April 1941 ist er als Kameramann im Rang eines Leutnant an Bord eines deutschen Bombers, der im Südosten Irlands notlanden muß[36]. In der Internierung benimmt er sich unauffällig, wenn man davon absieht, daß er am 20. April 1944 trotz des im Lager herrschenden strikten Kameraverbots eine ebenfalls gegen die Lagerregeln verstoßende feierliche Parade der deutschen Soldaten aus Anlaß von Hitlers Geburtstag filmt.[37] Fleischmann gehört zu jenen Internierten, die 1944/45 zum Studium am College of Technology nach Dublin ziehen dürfen; in dieser Zeit freundet er sich mit Dan Breen an, einem Helden des irischen Unabhängigkeitskriegs und aktuellen Parlamentsabgeordneten, der für seine Nazi-Sympathien bekannt ist. Als die Internierten nach Deutschland abgeschoben werden sollen, kann Breen (der notfalls bereit wäre, Fleischmann Unterschlupf zu gewähren) bei de Valera persönlich eine Ausnahmeregelung erwirken, wenn auch nur unter der Bedingung, daß Fleischmann niemanden in Österreich von seinem Verbleib in Irland erfahren läßt.[38] Dies mag ein Grund dafür sein, daß Fleischmann den Bericht, den er im Abstand von zwei Jahrzehnten über seine Internierung in Irland veröffentlicht, unter dem Pseudonym „Alexander Berger“ erscheinen läßt.[39]

Als das Schiff mit den 254 zurückzuführenden Internierten am 13. August 1945 Dublin verläßt, ist ihnen versprochen worden, daß ihre persönliche Habe unangetastet bleibt, daß sie auf dem schnellsten Wege und ohne weitere Internierung nach Deutschland in die Freiheit gebracht werden und daß die Frauen, die einige von ihnen in Irland geheiratet haben, schnellstmöglich nachkommen dürfen. Keines dieser Versprechen wird gehalten. Das Marineschiff setzt die Männer in Oostende an Land; von dort werden sie in ein britisches Kriegsgefangenenlager bei Brüssel überführt, wo sie für weitere zwei Wochen festgehalten werden und womöglich sogar noch länger hätten bleiben müssen, wäre es ihnen nicht gelungen, über das Rote Kreuz die irische Botschaft in Brüssel zu informieren.[40]

---

35 Vgl. <www.filmarchives-online.eu/hitlist?search_holding=all&select1=all&Fulltext=fleischmann>.

36 Vgl. Dwyer, *Guests of the State*, a.a.O., S. 54 f.

37 Vgl. ebd., S. 201.

38 Vgl. ebd., S. 211, 236.

39 Vgl. Alexander Berger, *Die Gefangenen der grünen Insel. Tatsachenbericht aus Irland* (Zürich: Schweizer Verlagshaus 1964).

40 Vgl. Dwyer, *Guests of the State*, a.a.O., S. 241 f.

Mit dem Kriegsgefangenenlager bei Brüssel taucht unverhofft ein Berührungspunkt der Interniertengeschichte mit der Biographie Arno Schmidts auf, denn Schmidt war bekanntlich 1945 mehrere Monate im britischen Lager Vilvoorde bei Brüssel interniert[41]. Allerdings endet Schmidts Lagerhaft dort schon am Mittag des 19. August, sechs Tage, nachdem die Internierten in Dublin an Bord gegangen sind. Selbst falls es sich bei dem Lager, in das die Internierten geschafft werden, um Vilvoorde gehandelt haben sollte, wäre es höchst unwahrscheinlich, daß es zu einem direkten Kontakt Schmidts mit einem dieser Männer gekommen wäre. In der Liste der insgesamt 267 Deutschen und Österreicher, die im Verlauf der Jahre 1940 bis 1945 in Irland interniert wurden[42], findet sich weder ein Name noch ein Ort, der die Möglichkeit eines Kontakts mit Schmidt nahelegt. Daß Schmidt mit den Details der Internierung nicht vertraut war, ergibt sich allerdings auch schon aus dem Bild, das er in seinem Roman *Das steinerne Herz* von einer solchen Internierung zeichnet. Es ist offensichtlich, daß Schmidt von der Materie nicht mehr gewußt hat als das, was er im 1953 erschienenen Irland-Buch von A. E. Johann hätte lesen können (und womöglich tatsächlich gelesen hat):

> als [...] deutsche beschädigte Bomber bei Dublin notlanden mußten, wurden die Besatzungen zwar interniert; dann jedoch baten die deutschen Flieger beim Premierminister der Republik höflich um die Erlaubnis, an der Universität in Dublin studieren zu dürfen; dies wurde ihnen ohne viele Umstände gewährt. Einem von den Luftwaffenstudenten gefiel es so gut, daß er nach dem Kriege hierblieb, Ire wurde, ein wunderschönes irisches Mädchen heiratete (schwarzhaarig und blauäugig, wie die schönen Irinnen sind) und sich eine sehr angesehene und einträgliche Stellung erwarb.[43]

Diese Beschreibung trifft auf einen einzigen Mann zu, nämlich auf Georg Fleischmann, und wenn wir nun mit Bezug nicht auf Arno Schmidt, sondern auf A. E. Johann fragen, woher er diese zwar wenigen, aber doch ziemlich

---

41 Vgl. Arno Schmidt, „Chronik", in Jan Philipp Reemtsma / Bernd Rauschenbach (Hg.), *„Wu Hi?" Arno Schmidt in Görlitz Lauban Greiffenberg* (Zürich: Haffmans 1986), S. 203-206, hier S. 205 f.

42 Vgl. Altmanninger, *„Die Gefangenen der Grünen Insel"*, a.a.O., S. 100-106.

43 A. E. Johann, *Heimat der Regenbogen. Irland Insel am Rande der Welt* (Gütersloh: Bertelsmann 1953), S. 119 f.

korrekten Details hat, dann drängt sich der Verdacht auf, er habe die Umstände der Kriegsinternierung von Fleischmann selbst erfahren. Zwar ist ein direkter Kontakt zwischen Johann und Fleischmann nicht nachweisbar, doch scheint es plausibel, daß es einen solchen Kontakt gegeben hat. Als Johann 1951 zu seiner einjährigen Recherchereise nach Irland aufbricht, unterliegt er dem Visumzwang, wird sich also mit der irischen Gesandtschaft in Bonn in Verbindung gesetzt und dort um Hilfe gebeten haben, ebenso wie einige Jahre später Arno Schmidt. Als Journalist, der über Irland schreiben will, bekommt Johann diese Hilfe vom frisch im Amt befindlichen Gesandtschaftssekretär Aedan O'Beirne sicherlich, vermutlich auch in Form erster Kontaktadressen in Dublin. Zu diesen Kontakten könnte Fleischmann, der als Kameramann für einen Journalisten nützlich sein mag, oder auch seine Frau, die Journalistin und Skriptautorin Moira Fleischmann-Moore (1921-2013), gehört haben.

Das mag alles allzu spekulativ klingen, doch Fakt ist, daß A. E. Johann auf seinem „Certificate of Registration" als erste Adresse seiner Irland-Recherchereise 1951/52 „2 Pembroke Road, Ballsbridge, Dublin" angibt[44]; in eben dieser Straße (allerdings Nr. 53, rund 200 Meter entfernt) wohnen (zumindest drei Jahre später, als Heinrich Böll in Dublin eintrifft) Georg und Moira Fleischmann[45]. Es spricht viel dafür, daß A. E. Johann (ebenso wie später Heinrich Böll) vom Ehepaar Fleischmann in die Welt Irlands eingeführt wird und der tatsächlich in Irland kriegsinternierte Fleischmann die Quelle der knappen Informationen zum Internierungsthema ist, die A. E. Johann in seinem Buch *Heimat der Regenbogen* wiedergibt.

Sollte der Passus in Johanns Buch tatsächlich die Quelle für Schmidts Halb- oder Viertelswissen in Sachen Kriegsinternierung sein, so hieße dies

---

44 Vgl. das Faksimile unter <https://www.a-e-johann.de/irland>.

45 Vgl. Holfter, *Heinrich Böll and Ireland*, a.a.O., S. 30. – Zwischen den beiden Adressen liegt an der Pembroke Road das Lansdowne Hotel, dessen Bar einen beliebten Mittagstisch bietet; vgl. das von Moira Fleischmann unter ihrem späteren Namen Moira Bailis geschriebene Gedicht „Patrick Kavanagh on Pembroke Road", in David Messineo (Hg.), *The Antidote to Prejudice. The Collected Poems of Moira Bailis*, Bd. 1 (Pittsburgh: The Poet's Press 2011), S. 38. Da Moira Moore / Fleischmann / Bailis zeitlebens die Gewohnheit hat, fremde Menschen ins Gespräch zu verwickeln (vgl. David Messineo, „Afterword", ebd., S. 235-237, hier S. 236), ist auch denkbar, daß sie und A. E. Johann sich hier zufällig begegnet und in Kontakt gekommen sind, wie es später dann auch im Falle Böll geschieht.

auch, Georg Fleischmann wäre die reale Vorlage für Karl Thumann gewesen – zum Glück aber nur in einem sehr entfernten und punktuellen Sinne. Im Gegensatz zu Fleischmann ist Thumann kein ehemaliger SS-Bombenleger, kein NS-Propagandafilmer und kein Freund irischer Nazi-Sympathisanten.

Unter diesen Umständen ist es dann doch recht erfreulich, daß Schmidts Figur und das, was sie über ihre Erlebnisse während der Internierung in Irland zu erzählen weiß, mit den realen Umständen einer solchen Internierung kaum etwas gemein hat und Schmidt sich die Sachlage völlig unzutreffend zusammenreimt, dies ganz einfach, weil ihm keine auch nur annähernd genauen Informationen zur Verfügung stehen. Im Gegensatz zur fiktiven Figur Karl Thumann hat keiner der realen Internierten die Hafenstadt Cork mit einem deutschen Schiff angelaufen, keiner die Region am Shannon westlich von Limerick bei Pallaskenry gesehen und keiner Gelegenheit gehabt, „Freiwillige Landarbeit (auf m Traktor)“[46] zu betreiben. Es bleibt als einzig zutreffendes Detail die Gelegenheit zum (auch intimen) Verkehr mit irischen Frauen: immerhin.

---

[46] Schmidt, *Das steinerne Herz*, a.a.O., S. 38.

Die Böll-Connection

Konkretisierte Auswanderungspläne 1956/57

Als Arno Schmidts Roman *Das steinerne Herz* im Oktober 1956 nach quälend langen Verhandlungen mit dem neuen Verleger Ernst Krawehl über die von diesem geforderten Entschärfungen endlich erscheint, wohnt Schmidt seit einem guten Jahr in Darmstadt, wohin er geflohen ist, um die gegen ihn anhängige Klage wegen Gotteslästerung und Pornographie in der Erzählung „Seelandschaft mit Pocahontas“ in einen liberaleren Gerichtsbezirk zu ziehen, dies schließlich mit Erfolg. In Darmstadt aber fühlt er sich aus anderen Gründen als zuvor im katholisch geprägten Kastel an der Saar nicht wohl. Das Stadtleben und die Nähe zur örtlichen Künstler- und Schriftstellerszene mißfallen ihm, und so sinnt er auf Abhilfe. Schon zu Beginn des Jahres hat er an den Kollegen Werner Steinberg geschrieben:

> Hier in Darmstadt herrscht die widerlichste Cliquenwirtschaft [...]; und ich gedenke meinen Stab zur gegebenen Zeit weiter zu setzen – im Hümmling oder in den Emsmooren gibt es noch Striche, wo kilometerweit kein Nachbar wohnt (und Gerichtsvollzieher und was sonst im Auto fährt, im Urschlamm versinkt); auch am Dümmer ist's arg schön [...] und zwischen Rotenburg und Soltau: Dahin, dahin .....!![1]

Neben norddeutschen Gegenden taucht nun aber auch wieder Irland auf der Liste möglicher Umzugsziele auf.

Auslöser dieses neu entfachten Interesses ist ein Besuch Heinrich Bölls bei Arno Schmidt in Darmstadt. Die beiden Autoren haben Anfang 1954 einige wenige Briefe gewechselt, in denen es um ganz andere Dinge geht, persönlich kennengelernt haben sie sich aber nicht, und das möchte Schmidts Förderer Wilhelm Michels gern ändern, darum arrangiert er am 6. November 1956 einen Überraschungsbesuch Bölls bei Schmidt, agiert dabei möglicherweise auch als Chauffeur, nimmt an dem Treffen selbst aber nicht

---

1 Arno Schmidt, *Briefwechsel mit Kollegen*, hg. v. Gregor Strick (Frankfurt a.M.: Suhrkamp 2007), S. 192 (Brief Nr. 192 vom 23. Januar 1956).

teil.[2] Vom Besuch Bölls berichtet Schmidt knapp drei Wochen später seinem Freund, dem Maler Eberhard Schlotter:

> Wie es einen Abend an die Korridortür klopfte, »Heinrich Böll mein Name.«. Wie man sich setzte – eine Aussprache hat der Mann: wenn man die Augen zudrückt, glaubt man, neben Adenauer zu sitzen; machte ich sie also lieber wieder auf – und, in Ermanglung literarischer Berührungspunkte von Irland anhub: schönes Land, grün und billig; ständig Tiefs; nur leider hochkatholisch. Er will sich erkundigen, was so ein kleines Cottage an Miete kostet. (Und war auch vom ›Steinherz‹ begeistert; und macht die Großrezension für Texte & Zeichen: ist doch allerhand, wenn man sein hochkirchliches Gemüt in Erwägung zieht?!).[3]

Das ist für Schmidts Verhältnisse eine recht positive Einschätzung des Gastes; allerdings hat Böll ihm auch gleich in doppelter Hinsicht seine Dienste angeboten: er will seine Begeisterung für den Roman *Das steinerne Herz* in einer Rezension (für die von Alfred Andersch herausgegebene und von Schmidt regelmäßig mit Beiträgen belieferte Zeitschrift *Texte und Zeichen*) öffentlich machen, und er will Schmidt bei seinen nun wiedererweckten Überlegungen, womöglich nach Irland auszuwandern, mit Rat und Tat zur Seite stehen. Insbesondere für diesen zweiten Dienst scheint er der ideale Mann, denn Böll gilt inzwischen durch seine Artikelserie in der *Frankfurter Allgemeinen Zeitung* und die medial verbreiteten Gerüchte um seine Umsiedlung nach Irland als herausragender Fachmann für die Insel. Besagte Gerüchte treffen allerdings nicht wirklich zu, denn Böll strebt im Gegensatz zu Schmidt keineswegs eine Auswanderung nach Irland an, sondern verbringt dort lediglich längere Arbeits- und Erholungsphasen. Bisher ist er dreimal dort gewesen, nämlich im September / Oktober 1954 vier Wochen vorwiegend in Dublin und dann in den Jahren 1955 und 1956 jeweils die Monate Juni bis September auf der Insel Achill im äußersten Westen; erst bei seinem nächsten Aufenthalt im Sommer 1958 wird er in Dugort auf Achill Island ein eigenes Cottage erwerben, in dem er sich in

---

2 Vgl. Schmidt, *Briefwechsel mit Kollegen*, a.a.O., S. 15 (Anmerkung zu Brief Nr. 11 vom 22. November 1956).

3 Arno Schmidt, *Der Briefwechsel mit Eberhard Schlotter. Mit einigen Briefen von und an Alice Schmidt und Dorothea Schlotter*, hg. v. Bernd Rauschenbach (Zürich: Haffmans 1991), S. 19 (Brief Nr. 9 vom 25. November 1956).

den Jahren 1960 und 1962 bis 1967 meist mehrere Monate, anschließend 1971 und 1973 nur noch wenige Wochen und 1983 schließlich zehn Tage aufhält.[4]

Die beiden längeren Aufenthalte 1955 und 1956 und die dort sowie bei offiziellen Stellen auch in Deutschland geknüpften Kontakte setzen Böll immerhin in den Stand, Recherchen für Schmidt anzustellen, eine Aufgabe, der er sich offensichtlich sogleich mit Energie widmet. Am 22. November 1956 vermeldet Böll Schmidt, was er bisher (wenn auch noch fruchtlos) unternommen hat:

> ich habe noch keine Nachricht aus Irland, obwohl ich gleich am Tage nach dem Besuch bei Ihnen, von Stuttgart aus, dorthin schrieb. Sollte es mit dem Haus, das mir vorschwebte, nicht klappen, versuche ich es mit einem anderen: was ich <u>nicht</u> kann: gleichzeitig an mehrere schreiben: dazu kenne ich die Leute, und die sich untereinander, zu gut; sehr kompliziert.
>
> Die Leute von der Gesandtschaft habe ich noch nicht getroffen (wegen Katze und Visum), aber ich hoffe, es wird in der nächsten Woche sein; dann schreibe ich auch darüber. [...]
>
> Ich schreibe Ihnen über den »irischen Plan«, sobald ich Neues weiß.[5]

Aus diesen Mitteilungen ist zu schließen, daß Böll und Schmidt bei ihrem Treffen doch schon recht konkret über das Thema gesprochen haben; Böll sondiert nicht nur wegen einer möglichen Unterkunft auf Achill, sondern auch wegen der Einreisemodalitäten (nicht nur für Schmidt und Frau, sondern auch für deren Katze) bei der irischen Gesandtschaft in Bonn.

Auch in Sachen des Vorhabens, Schmidts Roman zu rezensieren, vermeldet Böll Fortschritte, kommt aber auch auf einen heiklen Punkt zu sprechen:

> ich habe Ihr Buch mit großer Spannung (ich finde es ist ein sehr spannendes Buch!) in einem Zug zu Ende gelesen; bitter ist für mich Ihr Atheismus (und das wars auch, worüber ich eigentlich mit Ihnen sprechen wollte – nun, vielleicht beim nächsten Mal!) – und

---

4 Daten nach Jochen Schubert, „‚... war das nicht ein Prachtbürschchen?' Heinrich Bölls *Irisches Tagebuch*", Nachwort in Heinrich Böll, *Irisches Tagebuch + Dreizehn Jahre später*, hg. v. René Böll (Köln: Kiepenheuer & Witsch 2007), S. 151-195, hier S. 177 f.

5 Schmidt, *Briefwechsel mit Kollegen*, a.a.O., S. 14 (Brief Nr. 11 vom 22. November 1956).

> ich weiß noch nicht, ob ich meine Betroffenheit darüber aus der Besprechung heraushalten kann; dann würde ich sie lieber nicht schreiben; verschweigen kann ich sie (meine Betroffenheit) nicht, und doch möchte ich keinesfalls, daß bei weiteren Prozessen nun ich als Ihr Richter zitiert werde. Sehr kompliziert. (Aber es wird gehen!)[6]

Dieses Thema – die Frontstellung zwischen Schmidts entschiedenem Atheismus und Bölls Katholizismus – ist nicht nur heikel mit Blick auf Bölls Rezensionsvorhaben, sondern wirft auch ein Licht darauf, daß Schmidt im erzkatholischen Irland womöglich nicht so ein passendes Umfeld vorfinden würde wie Böll. Arno Schmidt geht über solche Skrupel in seinem bereits zitierten Brief an Schlotter einfach hinweg, doch seine Frau Alice zieht in ihrem eigenen Brief an das Ehepaar Schlotter daraus ihre Schlüsse, die wesentlich skeptischer klingen als die Formulierungen ihres Gatten:

> Irland ist nach reiflicher Überlegung doch wohl nichts: ein verrufener Atheist unter Katholiken: das kann doch auf die Dauer nicht gut gehen, zumal der eigene Landsmann, James Joyce aus seinem Vaterland mußte. Das kann Böll [...] als Katholik doch nicht so beurteilen. Persönlich machte er einen recht guten Eindruck. [...] Also dann zunächst die Heide. Arno will unbedingt recht rasch in die Heide.[7]

Noch während Arno Schmidt seinen Brief an Schlotter (dem der Brief Alice Schmidts vermutlich beigelegt werden soll) schreibt, trifft ein weiteres Schreiben Bölls ein, und zwar mit einer guten Nachricht:

> eben bekomme ich positiven Bescheid aus Irland: das Häuschen, von dem ich Ihnen erzählte (leider nur möbliert zu haben) kostet 5 Pfund im Monat, außerdem müßten Sie für Heizung (Torf) und Strom selbst aufkommen (man kann auch zum Kochen etwa dieses Flaschengas bekommen), während die Besitzerin für alle Außenreparaturen aufkommt. Wie gesagt: ein großer, mittlerer Raum (Wohnküche), zwei kleinere Räume (Bibliothek und Schlafraum),

---

6 Ebd.

7 Schmidt, *Der Briefwechsel mit Eberhard Schlotter*, a.a.O., S. 14 (Brief Nr. 8, Alice Schmidt an Schlotters, undatiert, wahrscheinlich vom 25. November 1956).

> auch in der Bibl. ein Bett; nett eingerichtet das Ganze. Falls Sie anbeißen: Mrs. Thea Boyd, Keel, Achill-Island, Ireland. In ein paar Tagen kann ich Ihnen eine genaue Karte der Insel schicken, die ich im Augenblick verliehen habe.[8]

Diese frohe Kunde veranlaßt Schmidt, sofort einen Nachtrag zu seinem noch nicht abgeschickten Brief an Schlotter zu formulieren:

> Welch eine Offerte dagegen diese : Heinrich Böll berichtet aus Irland, daß ein nettes kleines cottage‹ – ein grosses Zimmer, zwei kleine, con luz, con agua – möbliert für 5 Pfund (das sind rund 60.– Dmark) im Monat zu haben ist. Dazu barometrische Tiefs von der feinsten Sorte, eins immer hinter dem andern. (Aber Bense und Andersch warnten, der Katholen wegen; und ich geh auch gar nicht hin; hab's nur geschrieben, wegen Ihrer Perfidie und eisernen Stirn, mit der Sie eingestehen, daß Ihnen bei jedem Steinhaufen dieser Dings da einfällt. Nein: schlimmer noch!: sogar Ihr Kind haben Sie schon soweit, daß es den erhabenen Namen Schmidt mit einer Portion Geröll verbindet!!).[9]

Das klingt nun so, als treibe Schmidt ein Spielchen – einerseits freut er sich über die von Böll in Aussicht gestellte günstige Wohngelegenheit und das in Irland permanent zu erwartende Tiefdruckwetter (Hochdruck und Hitze

---

8 Schmidt, *Briefwechsel mit Kollegen*, a.a.O., S. 15 f. (Brief Nr. 12 vom 24. November 1956). – Bei dem „Häuschen", das Böll Schmidt vermitteln will, handelt es sich offensichtlich um ein Nebengebäude des Amethyst Hotel, das ebenso im Besitz von Thea Boyd ist wie der örtliche Lebensmittelladen; Böll selbst ist bei seinem ersten Aufenthalt auf Achill 1955 auf Vermittlung von George Fleischmann hier untergekommen – vgl. Dieter Kühn, „Auf dem Weg zu Annemarie Böll", in ders., *Portraitstudien schwarz auf weiß* (Frankfurt a.M.: Fischer 2006), S. 367-530, hier S. 462. Das Amethyst Hotel geht in die Kulturgeschichte vor allem dadurch ein, daß dort am 22. Juni 1968 John Lennon und Yoko Ono speisen; vgl. Michael Lynch / Damian Smyth, *The Beatles and Ireland* (Cork: Collins Press 2008), S. 56, zu einer fiktionalen Weiterführung durch den Romancier Kevin Barry außerdem Friedhelm Rathjen, *Literatur in der Landschaft. 50 literarische Schauplätze in Irland* (Südwesthörn: Edition ReJoyce 2022), S. 72.

9 Schmidt, *Der Briefwechsel mit Eberhard Schlotter*, a.a.O., S. 23 (Brief Nr. 9 vom 25. November 1956).

AMETHYST HOTEL

ACHILL ISLAND

Area 57 sq. m. (148 sq. km.)

Joined to mainland by road bridge and bus routes.

The Amethyst Hotel is on the main road at Keel Village, near the centre of the Island, in an unspoiled natural setting. It is close to a three mile long sandy beach, safe for bathing, canoing and surf-riding. Its windows look over mountains, lakes, cliffs, bays and islands. The Hotel has 22 bedrooms, 12 in the Hotel itself and 10 in the Hotel annexe, which is licensed to sell wine and spirit. The lounges are heated by open turf fires. All bedrooms have hot and cold water, beside lights and shaver sockets; all bedrooms in hotel have infra-red heaters. The menu provides a two-course breakfast, lunch of three courses and evening supper of three courses. Home-made bread baked at the hotel. Meal hours are not rigid .Terms from fourteen guineas. Families are welcome. Dogs at hotel's discretion. Ample free parking around hotel. Clothes drying facilities, T.V. lounge.

AMETHYST Hotel, Keel, Achill, County Mayo, Ireland. 'Phones : Keel 4, Keel 26. Owner: Thea Boyd. Appointments: Bord Failte (Irish Government Tourist Board), A.A., R.I.A.C. Signpost,

HOTEL OPEN ALL YEAR..

Train/bus route to hotel door.

CASTLEBAR Airport 40m (64km), BELFAST 210m (337 km), DUBLIN 182m (293km), SHANNON Airport 144m (232km), DERRY (Londonderry) 176m (283km).

schätzt Schmidt nicht – in einem seiner Gelegenheitstexte wird er später behaupten: „man könnte mich, ohne daß ich jetzt übertriebe, ziemlich rasch dadurch tot machen, daß man mich ans Mittelmeer verbannte“[10]), andererseits tut er so, als sei es ihm keineswegs ernst mit den Plänen. Handelt es sich nur um ein anregendes Gedankenspiel, dessen Realisierung Schmidt gar nicht wirklich in Betracht zieht?

Der nächste, fast postwendend verfaßte Brief an Böll spricht eine andere Sprache:

> Herr Böll, – aber dies noch unter vier Augen – ich habe mich entschlossen, wenn irgend möglich, nach Irland auszuwandern! Nur: ich bin entscheidend angewiesen auf Flachland, Heide, Wiese, Sumpf meinetwegen, ein paar Bäume, langsame Gewässer, leere weite Horizonte, Einsamkeit. Und Sie sprachen von weder Baum noch Strauch auf Achill-Island [...]; dazu Berge (Hügel?) ringsum. Ich müßte demnach nach Mittelirland (könnte natürlich das Haus der Frau Thea Boyd als Sprungbrett benützen!). Aber Sie sagten, Sie hätten evtl. auch Bekannte in der Gegend zwischen Athlone und Galway (ich seh's nur ungefähr auf der Karte): ließe sich evtl. da etwas machen?[11]

Wir wissen nicht, welche „Karte“ es ist, auf die Schmidt sich hier beruft – von Böll hat er noch keine bekommen, die seinem *Ireland Guide* beiliegende Karte hingegen zeigt keine Gelände- und schon gar keine Vegetationsbeschaffenheit. Allerdings ist Schmidt aus dem Irland-Artikel von *Meyers Konversations=Lexikon*, mit dessen Hilfe er sich offensichtlich in den Vorjahren einen Überblick über Irland verschafft hat, bekannt, daß Irland in der Mitte von einer Zentralebene geprägt ist, um die herum sich an den Küsten Berge legen. Für Schmidts landschaftliche Vorlieben heißt das, daß er sich von den Küsten eher fernhalten muß; der für die fiktiven Irland-Erfahrungen der Figur Karl Thumann in *Das steinerne Herz* auserkorene Bereich südwestlich von Limerick wäre schon passend gewesen. Hier besteht offensichtlich noch Klärungbedarf, und deswegen schlägt Schmidt einen eigenen Besuch bei Böll in Köln vor:

---

10 Arno Schmidt, „Eines Hähers »: Tué!« und 1014 fallend“, in Bargfelder Ausgabe, Bd. III/4 (Zürich: Haffmans 1995), S. 389-400, hier S. 398.

11 Schmidt, *Briefwechsel mit Kollegen*, a.a.O., S. 17 f. (Brief Nr. 13 vom 28. November 1956).

> Ich habe hier meine Miete für den Dezember noch bezahlt. Meinen Sie, daß es nützen könnte, wenn ich einmal für ein paar Stunden zu Ihnen käme? (Ich würde danach gleich meinen Verleger in Essen besuchen, und mit ihm die technischen Einzelheiten verabreden). Zu klären wären :
>
> a) Visum (ich würde gleich für ein paar Jahre (genauer für immer) hinüber gehen).
> b) die Katze von ma Dame – Sie habens ja selbst gesehen; wenn es aber nicht geht, wird auch da ein Weg gefunden.
> c) Fragen über Überfahrt, Frachtgut, etc. könnten wir im Gespräch klären.
>
> Bitte, falls es Ihnen zu viel wird : geben Sie mir dann ungescheut einen graziösen coup de pied au cul! –[12]

Böll, der am 29. November gleich nach Erhalt des Schreibens rasch antwortet, bevor er verreisen muß, möchte Achill offensichtlich noch nicht als ungeeignet verdammt sehen, hat aber auch für Schmidts anderslautende Wünsche etwas zu bieten:

> ich schicke Ihnen hier eine genaue Karte der Insel (Achill). Sie finden Ihr Haus genau dort, wo der Pfeil, den ich eingezeichnet habe, endet – rechts neben der »School« – Mich überkommt Heimweh, wenn ich die Karte wieder vor mir sehe.
>
> Ich habe auch einen Bekannten (einen alten Oberst) in der Nähe von Athlone; er wohnt unmittelbar am Shannon und auf einer Shannon-Insel sah ich einmal ein altes Herrenhaus (alles flach ringsum, und die Luft naß – völlige Einsamkeit) – das für 2 Pfund pro Woche zu vermieten war: wahrscheinlich zu groß für Sie, und sehr teuer eben! Sie könnten aber, wenn Sie einmal in Irland sind, überall Häuser finden (steht ja fast alles leer!!).
>
> Sehen Sie sich die Karte einmal an, und falls Sie Thea Boyds Haus zunächst nehmen würden, müßte man ihr nur sagen, auf wie lange ungefähr. Um die Berge können Sie herumgehen, wenn Sie wollen. Nun, wir werden sehen.[13]

Bei dem „alten Oberst“ handelt es sich um einen pensionierten englischen Arzt, Harry Rice, der in Indien als Kolonialoffizier im Militärkrankenhaus

---

12 Ebd., S. 18.

13 Ebd., S. 19 (Brief Nr. 14 vom 29. November 1956).

gedient hat; ihm ist Böll bereits bei seinem ersten Aufenthalt in Irland 1954 begegnet und hat ihn in einer Erzählskizze verewigt.[14] Die Insel, auf der eine Behausung zu vermieten sein soll, ist Hare Island (irisch: Inis Ainghin) im Lough Ree, einer zum See erweiterten Passage des Shannon, und das angebliche „Herrenhaus“ ist tatsächlich die frühere Jagd- und Fischer-„Hütte“ eines gewissen Lord Castlemaine, errichtet ein Jahrhundert vor Schmidts Geburt – von dieser einst stattlichen „Hare Island Lodge“ sind heute nur noch Ruinen vorhanden.

Für Schmidts Besuch in Köln schlägt Böll den 6. oder 8. Dezember vor, und Schmidt, der am 30. November wiederum prompt antwortet, sagt unter Vorbehalt zu:

---

14 Vgl. „Auf der kleinen Insel ... Aus dem Irland-Tagebuch von Heinrich Böll“, in *Frankfurter Allgemeine Zeitung*, 14. Mai 1955 (später unter dem Titel „Kleiner Beitrag zur abendländischen Mythologie“ aufgenommen ins *Irische Tagebuch*); zur Identität des Mannes außerdem Gisela Holfter, *Heinrich Böll and Ireland* (Newcastle: Cambridge Scholars Publishing 2011), S. 32.

> Daß ich heute noch nichts Präzises sagen kann, liegt daran, daß ich erst noch mit Hrn. Krawehl in Essen (dem Verleger, Sie wissen ja) sprechen muß: wenn der finanziell nur im entferntesten mitmacht, bin ich entschlossen (Unsere Pässe wurden vor einer Stunde zur notwendigen Verlängerung eingereicht!).
> Ihre Karte bestätigt mir allerdings die bestürzende Norwegenähnlichkeit der Insel – dergleichen habe ich 3 Jahre lang übersatt genossen. Da würde ich doch lieber gleich in der Nähe von Galway bleiben (zumal da, wie ich inzwischen erfahren habe, eine größere Bibliothek, eine Sektion der Dubliner Universität, sich dort befindet. Und ich bin sehr auf Bücher angewiesen). Nun, das können wir ja noch während meines Besuches besprechen. Wenn Sie den von Ihnen erwähnten Herrn von der irischen Gesandtschaft gleichzeitig einladen könnten, so wäre das sicherlich sehr förderlich und würde alles erleichtern. –“[15]

Bölls Landkarte hat also Achill Island als irischen Wohnsitz für Schmidt endgültig aus dem Rennen genommen, nicht aber den Plan einer Auswanderung nach Irland als solchen. Als neue Bedingung neben flacher Landschaft bringt Schmidt hier die Nähe einer Bibliothek ins Spiel, ein Kriterium, das möglicherweise zwei Jahre zuvor bei der Auswahl der irischen Lokalitäten in *Das steinerne Herz* schon eine Rolle spielte, schließlich konnte Schmidt in seinem *Ireland Guide* für Limerick einen entsprechenden Anhalt finden[16]. Woher Schmidt sein Wissen um die Bibliothek einer „Sektion der Dubliner Universität“ in Galway hat, läßt sich nicht eindeutig klären – im *Ireland Guide* steht derlei nicht.

In dem Brief an Böll vom 30. November deutet sich an, daß Schmidt bei der Realisierung seiner Pläne auf die Mitwirkung von Ernst Krawehl angewiesen ist, dem Verleger des Stahlberg-Verlags. Schmidt möchte den erstrebten Besuch bei Böll mit einem Besuch bei Krawehl in Essen verbinden, also schreibt er am selben Tag sehr ausführlich auch an Krawehl:

> Ich habe mit Böll so viel über Irland gesprochen und korrespondiert, daß ich der Sache doch ernsthaft näher trete. Er hat mir ein ganzes

---

15 Schmidt, *Briefwechsel mit Kollegen*, a.a.O., S. 20 (Brief Nr. 15 vom 30. November 1956).

16 Vgl. *Ireland Guide*, published by Fogra Failte, the National Tourist Publicity Organisation for Ireland, Second Edition (Dublin: Fogra Failte o.J. [1953 oder 1954]), S. 292: „The Carnegie Library“.

> kleines Cottage, 3 Zimmer, möbliert, für 5 Pfund (also rund 55–60 DM) vermittelt; ich brauche nur zuzugreifen. / Nun erwägen Sie selbst: die Hälfte der hiesigen Miete (wo wir uns in dem einen Zimmer langsam zum Wahnsinn treiben; in Kastel hatte ich wenigstens noch mein Séparée über'm Hausflur!); dafür 3 einzelne Räume. Wasser und Strom im Haus. Das Leben relativ billig, so daß sich mein Einkommen mit mindestens 1 1/2, vielleicht gar 2 multiplizierte. Kein Irrsinnsverkehr mehr. Keine ›Künstlerkolonie auf der Mathildenhöhe‹, mit ›Gestalten‹ aller Art. Von persönlicher Sicherheit ganz zu schweigen. / Ihr Bedenken, daß es mich sprachlich etwas beeinflussen könnte, habe ich lange erwogen. Ich erwidere dagegen: a) auch hier müßte ich mich immer wieder als Übersetzer ins Englische begeben (und in I. würde ich, bzw. meine Frau, ja höchstens mit dem Krämer verkehren. b) Ich war, wie Sie ja wissen, ein Jahr lang Dolmetscher, und mußte sehr viel Englisch quätschen: in jenem Jahr schrieb ich den ›Leviathan‹!! / Über die ›Katholen‹, wie Sie zu sagen pflegen, hat mich Böll eigentlich beruhigt: von einem Deutschen erwartet man, daß er Nichtkatholik sei; und außerdem bilde die Sprache den Schutzwall – solange ich nicht Englisch schriebe, was ich ja nie und nimmer mehr zu tun gedenke. / Vorzüge: die großen Wiesen und Torfmoore Mittelirlands; das ewige ›Irlandtief‹; die große Bibliothek von Galway; Ruhe und Einsamkeit, selig und öde, – ach, ich gerate bei der bloßen Vorstellung ins Schwärmen![17]

Mit der Schwärmerei allein ist die Sache aber nicht getan, und gerade von Krawehl will Schmidt ja etwas anderes:

> Das Alles setzt aber natürlich Ihre Hilfe voraus. Und zwar in dieser Form: wir hatten anläßlich Ihres Besuches auf 4500 [DM] abgeschlossen (1500 für den Sammelband; 3000 für das dann bald kommende ›Lilienthal‹): haben Sie Möglichkeiten, mir diese Summen nach und nach nach I. zu transferieren? Sowie meine sonstigen anfallenden Verdienste aus Rundfunk und Presse? Dazu wäre nötig, daß Sie mir erlauben, die Geldsendungen, sowie die ›gröbere Post‹ (= Druckbelege, etc), an den Stahlbergverlag zu dirigieren, der sie mir dann – sagen wir monatlich einmal in einem Paket zusammen-

[17] Schmidt, *Briefwechsel mit Kollegen*, a.a.O., S. 20 f. (Anmerkung zu Brief Nr. 15 vom 30. November 1956).

gepackt – nach I. senden könnte. (Die ›feinere Kleinpost‹, auch den ›Zeitungsversand‹, erledige ich selbstverständlich von dort aus.: Wenn sich das arrangieren ließe – dann verkaufte ich unser bißchen Krempel hier, und verschwände Anfang Januar nach der emerald isle. [...]

Wie kommt man am besten hin? Ist ein weiterer Punkt. Böll sagte, daß Flug und Schiff etwa gleich teuer kommen; das wäre aber noch nicht meine größte Sorge, sondern die Fracht: ich müßte mir ja möglichst viele Bücher mitnehmen, damit ich wenigstens in dieser Hinsicht leidlich autark bin. Darüber werden Sie so viel mehr wissen, als ich, daß ich Sie auch deswegen um Ihre Beratung bitten möchte.

Es ist ernst diesmal, Herr Krawehl: ich habe bereits unsere Pässe vorsichtshalber zur Verlängerung eingereicht. Und beabsichtige, am 6. oder 8.12. nach Köln zu fahren, wo ich bei Böll den einschlägigen Herrn von der irischen Gesandtschaft aus Bonn kennen lernen soll! Entschieden ist noch nichts; aber das kann sehr schnell gehen, wenn Sie mir helfen – und von Frankfurt fliegt man in 2 Stunden nach Shannon Airport.“[18]

Die entscheidenden Punkte sind: es ist Schmidt ernst, aber es funktioniert nur, wenn Krawehl mitspielt – finanziell und organisatorisch. Im Gegenzug stellt Schmidt ihm neue Publikationen in Aussicht, und auch die Erwähnung der kurzen Flugzeit von Frankfurt nach Shannon ist als verlockender Fingerzeig für Krawehl (der im Gegensatz zu Schmidt kein Reisemuffel ist) gemeint: den regelmäßigen Besuchen bei seinem schwierigen Autor Schmidt soll auch dann nichts entgegenstehen, wenn dieser statt in Darmstadt in Irland wohnt. (Auch die Fixierung auf den Flughafen Shannon bestätigt übrigens wiederum, daß die Lokalitäten, die Schmidt sich für die irischen Abenteuer seiner Romanfigur Karl Thumann erwählte, seinen eigenen Auswanderungsgedankenspielen entsprungen sein dürften.)

Aus dem erstrebten Treffen mit Böll am 6. oder 8. Dezember wird aber nichts, da Krawehl dafür nicht schnell genug reagiert; am 3. Dezember kann Schmidt Böll deswegen nur hinhalten: „Sobald ich in finanzieller Hinsicht nur einigermaßen klar sehe, schreibe ich Ihnen wieder: entschuldigen Sie, daß ich Ihnen so viele Mühe mache!“[19] Der notorisch pessimistische

---

18 Ebd., S. 20 f. (Anmerkung zu Brief Nr. 15 vom 30. November 1956).

19 Ebd., S. 22 (Brief Nr. 16 vom 3. Dezember 1956).

Schmidt scheint aus der Zögerlichkeit seines Verlegers schon endgültige Schlüsse ziehen zu wollen, und selbst als sich seitens Krawehls dann doch positive Signale andeuten, kann Schmidt sich nicht gleich beruhigen. Irgend etwas läuft nicht so, wie er es will, womöglich gibt es auch Einwände seiner Frau, die in Schmidts Korrespondenz nicht dokumentiert sind. Jedenfalls teilt Schmidt am 7. Dezember Wilhelm Michels etwas kryptisch mit:

> Was das Irish=stew anbelangt, so habe ich es für mein Teil resigniert vom Feuer genommen : alles würde klappen; der Verleger billigt, zahlt und transferiert kopfnickend; die Pässe werden prolongiert; noch gibt es Gummistiefel für Moore & Wiesen zu kaufen ..... lassen wir den Schleier christlicher Nächstenliebe über die Szene fallen![20]

Der Pessimismus ist aber voreilig, und nachdem Krawehl Schmidt mit Schreiben vom 5. und dann nochmals vom 7. Dezember alle gewünschten Hilfsdienste zugesichert hat[21], kann Schmidt seinem willigen Helfer Böll am 9. Dezember vermelden:

> Meine Verhandlungen mit dem Verleger sind unerwartet rasch und günstig verlaufen – ich bin ungefähr gemäß Ihrem Ratschlag verfahren; und es hat geklappt – sodaß von dieser Seite her volle Unterstützung zu erwarten wäre.
>
> Ihre Landkarte beiliegend mit Dank zurück. Soviel habe ich allerdings daraus ersehen, daß ich speziell dort nicht wohnen möchte: so zwischen Meer und Steinhöckern habe ich 3 Jahre lang am Eismeer leben müssen; und würde unweigerlich finster und stumpf dabei werden, wie damals – an Schreiben kein Gedanke. Dann schon eher – zumindest als vierteljährigen Übergang – das andere, von Ihnen ebenfalls erwähnte ›Herrenhaus auf der Shannon=Insel‹: Sie schrieben, der Preis wäre 2 Pfund die Woche, also 9 im Monat, d.h. 100.– Dmark : das bezahle ich im Augenblick schließlich auch! (Natürlich möchte ich auf die Dauer billiger wohnen, versteht sich). Aber von da aus könnte ich mich in Tagestouren ja weiter umsehen, nach der

---

20 Arno Schmidt, *Der Briefwechsel mit Wilhelm Michels. Mit einigen Briefen von und an Elfriede Bokelmann, Erika Michels und Alice Schmidt*, hg. v. Bernd Rauschenbach (Zürich: Haffmans 1987), S. 58 (Brief Nr. 55 vom 7.12.56).

21 Vgl. Schmidt, *Briefwechsel mit Kollegen*, a.a.O., S. 21 (Anmerkung zu Brief Nr. 15 vom 30. Dezember 1956).

> endgültigen Bleibe. / Eine andere Möglichkeit wäre diese: ich fahre bis, sagen wir Roscommon; stationiere mich da 8 oder meinetwegen 14 Tage im Gasthaus; und suche mir in dieser Zeit in mir zusagender Gegend ein Häuschen. Da, wie Sie uns mehrfach versicherten, in I. viele Häuser leer stehen, müßte doch auch das eigentlich gehen? / Eine jede von diesen beiden Methoden käme doch bestimmt billiger, als wenn ich zunächst das Haus in Keel mietete; und von da aus explorierte – da ist Keel ja zu weit entlegen; und zumal meine 6–8 Kisten kämen mich letzten Endes teurer zu stehen, als wenn ich gleich nach Mittelirland ginge – oder meinen Sie nicht?[22]

Warum Schmidt hier nun plötzlich auf Roscommon verfällt, scheint schleierhaft, es sei denn, er hätte Bölls im Juli zuvor in der *Frankfurter Allgemeinen Zeitung* erschienene Skizze „Mayo. God help us" gelesen und sich von der dort angedeuteten Menschenleere in diesem Teil Irlands[23] verlocken lassen. Vielleicht geht es Schmidt auch nur darum, noch eine weitere Alternative zu Achill Island, wohin er partout nicht will, ins Spiel zu bringen. Roscommon ist eine vergleichsweise unspektakuläre Grafschaft, aber vielleicht ist es genau das, was Schmidt anzieht; in seinem *Ireland Guide* kann er lesen:

> ROSCOMMON, an inland county, lacks the magnificence of coast and mountain which characterizes the principal holiday regions of Ireland. It has, nevertheless, many pleasing prospects, and real beauty in its island-dotted lakes. Much of the county is level plain, bogland and river meadow, broken with low hills and many lakes. [...] The whole of the eastern boundary is formed by the River Shannon and its lakes.[24]

---

22 Ebd., S. 23 f. (Brief Nr. 18 vom 9. Dezember 1956).

23 Vgl. Heinrich Böll, „Aus dem irischen Tagebuch. Mayo. God help us", in *Frankfurter Allgemeine Zeitung*, 7. Juli 1956: „Roscommon und Claremorris mit so viel Einwohnern wie drei städtische Mietskasernen sie haben [...] Der Stechginster blühte, die Fuchsienhecken hatten schon Knospen; wilde grüne Hügel, Torfhaufen; ja, grün ist Irland, sehr grün, aber sein Grün ist nicht nur das Grün der Wiesen, auch das Grün des Mooses, gewiß hier, hinter Roscommon, auf Mayo zu, und Moos ist die Pflanze der Resignation, der Verlassenheit: verlassen ist dieses Land, es entvölkert sich langsam aber stetig [...]."

24 *Ireland Guide*, a.a.O., S. 437.

Flaches Land mit vielen Seen (und Inseln darin) kommen Schmidts Bedürfnissen sicherlich ebenso entgegen wie denen seiner schwimmfreudigen Frau, und offensichtlich ist die Nähe zum Shannon eine Konstante für Schmidt. Im Bildteil des *Ireland Guide* finden sich zudem drei Abbildungen aus der Grafschaft Roscommon, von denen zwei eine Seenlandschaft mit Andeutungen von Wäldern zeigen.[25] Also Roscommon!

Im Nachspann seines Briefs kündigt Schmidt an, am 13. Dezember in Köln sein zu können:

> Falls Sie ein Zusammentreffen mit maßgeblichen Iren [der irischen Gesandtschaft] für Donnerstag oder Freitag arrangieren könnten, desto besser! Zumindest kann ich mir ein paar Fotos von I. ansehen, und generelle Fragen klären. Evtl. auch können Sie mir ein Empfehlungsschreiben nach Bonn mitgeben. Sollten sie gar nicht da sein, oder keine Zeit haben, fahre ich weiter nach Essen zum Verleger.[26]

Zur Vorbereitung des Treffens fertigt Schmidt sich eine Liste mit „Fragen an Böll“ an; die Stichpunkte betreffen praktische Dinge wie die Beschaffbarkeit und Kosten von Schreibmaschinen- und Kohlepapier, Fotomaterial, Elektrogeräten und einer „Waschfrau“, Alice Schmidt ergänzt die Liste vornehmlich um Lebensmittel und den Brennstoff „Torf“, den ihr wichtigen Punkt „Katze“ hat ihr Mann schon notiert.[27]

Schmidts Brief kreuzt sich mit einem solchen, den Böll ihm am selben Tag schreibt, dem 9. Dezember; aus dem Treffen wird aus terminlichen Gründen leider nichts, doch Böll hat wiederum viele hilfreiche Hinweise parat:

> ich habe inzwischen mit dem Sekretär der Gesandtschaft, der am 6.12. bei mir war, sprechen können. Auch er glaubt, daß Ihren Wünschen am besten das Shannon-Gebiet zwischen Athlone und Galway entsprechen würde. Galway ist – soweit ich es jetzt überschauen kann – die einzige Ecke, in der <u>Ebene und See</u> vereint zu haben sind. Nur würde sich dann das Haus von Mrs. Boyd als Startbasis nicht eignen, weil Sie von dort aus zu weitläufige Erkundungsfahr-

---

25 Vgl. ebd., zwischen S. 416 und S. 417.

26 Schmidt, *Briefwechsel mit Kollegen*, a.a.O., S. 24 (Brief Nr. 18 vom 9. Dezember 1956).

27 Vgl. Arno Schmidt, „Fragen an Böll“, in Wolfgang Schlüter (Hg.), *Der Rabe. Magazin für jede Art von Literatur*, Nummer 29 (Zürich: Haffmans 1990), S. 173 f.

ten unternehmen müßten. Häuser zu mieten (und möglicherweise billiger als das von Mrs. Boyd) bekommen Sie überall. Sie könnten auch in Dublin zu einer der zahlreichen Agenturen gehen, oder wollen Sie es riskieren, meinen Bekannten Colonel Rice, Coosan-Point, near Athlone, aufzusuchen – ich habe dort leere Häuser gesehen?

> Wegen des Visums: ich habe Mr. O'Beirne deswegen gefragt, und er meint, daß es das beste sei, Sie führen hin, würden zunächst die visumfreien drei Monate dort leben, dann jeweils verlängern lassen; denn wenn Sie von hier aus ein Visum für 2, 3 Jahre beantragen, müssen Sie – was sehr kompliziert ist – im Voraus nachweisen, daß Sie sich in Irland ernähren, ohne einem Iren einen Arbeitsplatz wegzunehmen (Auswanderungsquote 40000 jährlich auf knapp 3 Millionen Einwohner!!!). Sind Sie aber dort, wird man Ihnen – wie es meiner Erfahrung entspricht – keinerlei Schwierigkeiten machen, da Sie jederzeit nachweisen können, daß Sie Geld haben (am besten, obwohl es blöd ist, ein Bankkonto) oder Geld regelmäßig überwiesen bekommen.

> Ich konnte auch den Tarif für die Quarantäne erfahren, leider nur für Hunde: 18 Mark wöchentlich, und das für ein halbes Jahr! Vielleicht ist es für Katzen billiger! Vielleicht versuchen Sie, wenn Sie nach Essen fahren, in Bonn Station zu machen und sprechen dort mit Mr Aedan O'Beirne. Ich würde Ihnen raten, dem irischen Grundsatz – Improvisation in jedem Fall stabilen Abmachungen vorzuziehen – zu entsprechen: das ist dann die solideste Lösung.[28]

Daß entgegen der vorherigen Unkerei nun alles wieder gut aussieht, teilt Schmidt am 11. Dezember auch Michels mit:

> Das Irish=stew steht wieder am Feuer; sogar sehr nahe gerückt: am Donnerstag/freitag fahren wir nach Köln/Essen/Lilienthal (Böll ist leider nicht da; aber Krawehl: nischt wie Bilanzverschleierung!). // Ich wäre Ihnen sehr dankbar, wenn Sie – falls es Ihnen paßt, einmal kurz vorbei kommen könnten; wir bedürfen Ihrer Erfahrung als Auslandsreisende [...].[29]

---

28 Schmidt, *Briefwechsel mit Kollegen*, a.a.O., S. 23 f. (Brief Nr. 18 vom 9. Dezember 1956).

29 Schmidt, *Der Briefwechsel mit Wilhelm Michels*, a.a.O., S. 59 (Brief Nr. 57 vom 11. Dezember 1956).

Tatsächlich verläuft das Gespräch mit Krawehl in Essen am 13. Dezember gut; der Verleger stellt Schmidt für die Zeit nach der Auswanderung die monatliche Überweisung eines Fixbetrags in Aussicht[30]; von Essen fährt Schmidt gleich weiter nach Lilienthal bei Bremen, um Recherchen für sein aktuelles (später gescheitertes) Romanprojekt *Lilienthal 1801* über den Amtmann, Moorkolonisator und Astronomen Johann Hieronymus Schroeter zu betreiben – mit diesen Recherchen demonstriert er Krawehl gleichzeitig, daß er ernsthaft an eine neue Arbeit denkt, mit der Krawehls finanzielle Vorleistung in gewisser Weise abgesichert wäre.

Nun scheint die Sache weit genug gediehen, um auch einen weiteren wichtigen Korrespondenzpartner einzuweihen, nämlich Alfred Andersch, der in seiner Eigenschaft als Funkredakteur mit ständiger Bereitschaft, Schmidt neue Skripte abzunehmen, für dessen Finanzen ebenso wichtig ist wie Krawehl. Zudem muß Schmidt natürlich damit rechnen, daß Böll, wenn er Andersch die versprochene Rezension von *Das steinerne Herz* schickt, auch etwas über Schmidts Irland-Pläne ausplaudert, drum ist es besser, Schmidt erledigt das gleich selbst, und zwar mit Brief vom 15. Dezember:

> Herr Andersch, ich bin inzwischen dem damals noch ganz unreifen ›Irland=Projekt‹ nachgegangen! Habe Erkundigungen eingezogen, Pässe verlängern lassen, mit Herrn Krawehl darüber korrespondiert (was keine Kleinigkeit ist, wie Sie ja selbst wissen); war sogar vorgestern bei ihm in Essen [...]: er ist sehr einverstanden; würde mir sogar ein kleines Fixum zur Sicherung monatlich hinüber überweisen ....[31]

Um möglichen Einwänden den Wind aus den Segeln zu nehmen, schreibt Schmidt gleich dazu, welchen Beweggründen die Pläne entspringen und welchem Zweck sie dienen; die von Böll erwähnte „Auswanderungsquote 40000 jährlich“ wird dabei praktischerweise zu einem positiven Argument umgemünzt:

---

30 Vgl. Schmidt, *Briefwechsel mit Kollegen*, a.a.O., S. 21 (Anmerkung zu Brief Nr. 15 vom 30. Dezember 1956).

31 Arno Schmidt, *Der Briefwechsel mit Alfred Andersch. Mit einigen Briefen von und an Gisela Andersch, Hans Magnus Enzensberger, Helmut Heißenbüttel und Alice Schmidt*, hg. v. Bernd Rauschenbach (Zürich: Haffmans 1985), S. 103 (Brief Nr. 113 vom 15. Dezember 1956).

> Ich meine: können wir mehr verlangen, als ein Land, nicht der Nato angehörig (also eines der wirklich ›freien Völker‹; d.h. die keinem der beiden Machtblöcke angehören!), praktisch menschenleer (die Bevölkerung nimmt jährlich um 40000 ab!), Nebel, Moore, Wiesen, Wind, Haide, nischt wie Ossian und Joyce, unser Geld verdoppelt sich sofort: wenn der Briefträger mit Prozeßvorladung oder Einberufungsbefehl an die Tür klopfen will, kichern wir nur: The Germany kann me furchtbar leckn!! .....
>
> Ich bewege die Angelegenheit gewaltiglich in meinem Herzen![32]

Neben Herzbewegtem möchte Schmidt aber offenbar auch Realitätssinn unter Beweis stellen, also läßt er durchblicken, daß er die Hürden und Probleme eines solchen Unterfangens durchaus sieht:

> (Es wäre für mich natürlich ein ganz anderer Sprung, als für Böll, der immer nur auf 2–4 Monde hinüber wechselt, seine Wohnung in Köln beibehält, und, im Vergleich zu mir ein wohlhabender Mann ist: ich würde meine paar Klamotten verschleudern, die Bücher in Kisten verschiffen, und – zumindest auf diverse Jahre hinaus – nicht an Rückkehr denken: so groß sind die Reizungen der Bundesrepublik in meinen Augen wahrlich nicht! Und umgekehrt werde auch ich durchaus entbehrlich sein, da ich nicht willens bin, das ›sacrificio dell intelletto‹ zu bringen: sint ut sunt, aut non sint! Was meinen Sie, was binnen kurzem, nach Inkrafttreten der ›Gesetze zum Schutze der Bundeswehr‹, für uns für ein Slalom zwischen Paragraphen losgehen wird: wenn ich schon ein Bettler bin, will ich wenigstens das Hauptprivileg dieses Standes wahren: ein freier Bettler zu sein!). – [...]
>
> Ich habe – als Gedankenspiel – Mitte/Ende Januar für eine ›Studienreise‹ nach I. ins Auge gefaßt: es ist bei solchen Prozessen durchaus möglich, daß E II zu E I wird! – Nous verrons. –[33]

„E II“ und „E I“ sind Begriffe aus Schmidts Prosamodell „Längeres Gedankenspiel“ – die „Erlebnisebene I“ ist „die objektive Realität (eben die »Unterwelt« [...])“, auf deren Fundament der Gedankenspieler sich eine „subjektive Realität“ oder „Oberwelt“ erbaut[34]. Bei seinen früheren Über-

---

32 Ebd., S. 104.

33 Ebd.

34 Arno Schmidt, „Berechnungen II“, in Bargfelder Ausgabe, Bd. III/3 (Zürich: Haffmans 1995), S. 275-284, hier S. 275.

legungen (zunächst allein mit seiner Frau, später im Gespräch mit Ernst Kreuder) ist Schmidt, was die Überlegungen zu einer möglichen Auswanderung nach Irland betrifft, über Gedankenspiele auf der „Erlebnisebene II" – also in seiner „subjektiven Realität" – nicht hinausgekommen, und die literarische Frucht des Gedankenspiels beschränkte sich deswegen (im Roman *Das steinerne Herz*) auf skizzenhafte Andeutungen, die sich bei näherem Hinsehen nicht als sonderlich realistisch erweisen, weil Schmidt die Umsetzung in „objektive Realität" noch gar nicht angegangen ist. Dieser Schritt soll nun also folgen, nämlich zumindest in Gestalt der angekündigten „Studienreise" nach Irland.

Andersch antwortet am 20. Dezember und zeigt rundum Verständnis, perspektivisch sogar Interesse, es Schmidt (oder eigentlich doch eher Böll) nachzumachen:

> Irland also. Bei mir spricht nichts gegen Irland als das Klima (meine Frau ist rheuma-anfällig und kann nicht in ein ausgesprochenes Rheuma-Klima) und der irische Katholizismus. Ohne diese beiden Faktoren wäre Irland in der Tat das geeignetste Land zum Emigrieren, oder für die Form der Halbemigration, die wir im Sinne haben. Mich reizt überdies der englische Sprachraum mehr als jeder andere. Irland bleibt also auf meiner Traktandenliste, und ich werde, falls Sie Ihre Reisepläne ausführen, schamlos Ihre Erkundigungen und Erfahrungen ausnutzen, denn die Böll'schen sind mir noch nicht stichhaltig genug.[35]

Über die positive Einschätzung ist wiederum Schmidt sehr erfreut und antwortet Andersch am 23. Dezember:

> Daß Sie Irland im Prinzip billigen, freut mich. Mir geht es genau wie Ihnen: englischer Sprachraum <u>müßte</u> es sein (bei mir kommt noch hinzu, daß ich zu übersetzen pflege, und mich so perfektionieren könnte!). Bei solcher Lage der Dinge ist I. tatsächlich für uns das einzig ›freie‹ Land in Europa; denn frei kann ich nur den nennen, der <u>weder</u> dem Westen noch dem Osten angeschlossen ist. [...] – Auch meine Frau tendiert zu Rheuma; ich bin aber in dieser Hinsicht ziemlich unbesorgt: weil ihr 5 Jahre Niedersachsen nicht im geringsten geschadet haben; und außerdem gibt's in I. ja auch

---

[35] Schmidt, *Der Briefwechsel mit Alfred Andersch*, a.a.O., S. 105 (Brief Nr. 114 vom 20. Dezember 1956).

massenhaft Hügelgruppen bis 1000 m Höhe. / Ich ziehe jedenfalls fleißig Erkundigungen ein. –[36]

Damit ist der Fall eigentlich klar – Schmidt hat von mehreren Seiten Auskünfte und positive Empfehlungen eingeholt, scheint fest entschlossen, es fehlt nur noch die Umsetzung in Taten. Damit zögert er allerdings ein wenig, warum auch immer; erst am 3. Januar 1957 schreibt er die irische Gesandtschaft in Bonn an[37]; gleich am nächsten Tag antwortet ihm der Gesandtschaftssekretär Aedan O'Beirne (den Schmidt lieber persönlich und informell bei Böll gesprochen hätte) eher knapp:

> Sehr geehrter Herr Schmidt!
> Ich war erfreut, Ihren Brief vom 3. Januar zu erhalten, da Herr Böll mir bereits von Ihren Plänen, nach Irland zu gehen, erzählt hat. Hinsichtlich der Mitnahme Ihrer Katze kann ich Ihnen im Augenblick nur sagen, daß die Veterinärbestimmungen im allgemeinen sehr streng durchgeführt werden. Ich weiß nicht, ob sich Ihr Vorschlag, die Katze in Hausquarantäne zu halten, verwirklichen lassen wird. Ich werde jedoch bei den zuständigen Behörden in Irland rückfragen und Sie benachrichtigen, sobald mir eine Antwort vorliegt.
> Sollten Sie noch irgendwelche Auskünfte hinsichtlich der irischen Reise- oder Aufenthaltsbestimmungen benötigen, so bin ich gern bereit, Ihnen zu helfen.
> Mit vorzüglicher Hochachtung
> Aedan O'Beirne[38]

Damit ist Schmidt noch nicht schlauer als zuvor; also setzt er noch einmal ein Schreiben mit detaillierten Fragen auf, von dem sich nur ein undatierter Entwurf erhalten hat:

> Sie erwähnen in Ihrem Schreiben »Reise= und Aufenthaltsbestimmungen«: wie mir Herr Böll sagte, bedarf ich für einen Aufenthalt bis zu 3 Monaten lediglich eines gültigen deutschen Reisepasses –

---

36 Ebd., S. 107 (Brief Nr. 115 vom 23. Dezember 1956).

37 Der Brief hat sich nicht erhalten; vgl. Schmidt, *Briefwechsel mit Kollegen*, a.a.O., S. 26 (Anmerkung zu Brief Nr. 20 vom 15. Januar 1957).

38 Ebd.

> den haben meine Frau und ich bis zum Jahre 1962. Nach Ablauf der 3 Monate werde ich dann jeweils eine Verlängerung beantragen müssen; die Genehmigung zum weiteren Aufenthalt in Irland würde mir jedoch, so schrieb mir Böll, ohne Umstände erteilt werden, vorausgesetzt, daß ich mich nicht irgendwie gegen die irischen Gesetze vergangen habe, und auch dem Gastlande nicht finanziell zur Last falle. Da ich sehr zurückgezogen lebe, und bisher nicht vorbestraft bin, gedenke ich in dieser Hinsicht auch in Zukunft keinen Anstoß zu geben; und mein Lebensunterhalt ist finanziell auf Jahre hinaus gesichert. Wie ich meine Hinreise bewerkstellige, kann ich im Augenblick noch nicht genau angeben: entweder zu Schiff von Bremerhaven nach Cork; oder per Flugzeug nach Shannon Airport. Ich gedenke allerdings – da ich ja einen längeren, wahrscheinlich jahrelangen Aufenthalt beabsichtige – eine Anzahl Kisten mit nach Irland zu nehmen, die hauptsächlich Bücher, also mein Handwerkszeug, enthalten werden; außerdem Bekleidung, und ein paar Kleingeräte, wie Schreibmaschine, Radioapparat, eine Kleinnähmaschine, usw.[39]

Hier begeht Schmidt den Kardinalfehler, dem zuständigen Beamten explizit und in aller Ausführlichkeit zu erklären, wie er vorgehen wolle – genau dieses Vorgehen hat Böll ihm zwar empfohlen, aber dabei handelte es sich um informelle Tips, die darauf hinausliefen, unauffällig als Touristen visumfrei einzureisen in der Hoffnung, nach Ablauf der visumfreien drei Monate mit Improvisation schon irgendwie weiterzukommen. Solche Strategie, die neben der Improvisation auch auf die Nachsichtigkeit irischer Behörden setzt, funktioniert natürlich nicht, wenn man diesen Plan sofort gleichsam offiziell als solchen deklariert – kein Beamter dieser Welt kann dann noch darüber hinweghören, auch kein irischer.

Und Schmidt setzt gleich noch einen drauf, indem er weiter ausführt, was er will und was er braucht:

> Ich gedenke mir dann irgendwo in der irischen Ebene, etwa zwischen Athlone und Galway, ein cottage zu mieten, und dort zu arbeiten – höchstwahrscheinlich werde ich auch Irland zum Schauplatz einiger meiner Bücher wählen. Ich erwähnte den Namen Galway, weil ich gehört habe, daß sich dort eine größere Bibliothek befinden soll? Ich bin bei einem Teil meiner Arbeiten auf die Nähe

---

[39] Ebd., S. 26 f. (Anmerkung zu Brief Nr. 20 vom 15. Januar 1957).

> einer Großbibliothek angewiesen, und wäre Ihnen auch für einen Hinweis verbunden, wo sich in Irland größere Büchersammlungen befinden.[40]

Das alles hätte Schmidt weiterhin mit Böll (und nur mit diesem) bekakeln sollen, doch der Kontakt zu diesem ist der beiderseitigen Reisetätigkeiten wegen unterbrochen, und als Böll am 9. Januar endlich – und auch nur kurz – auf Schmidts Brief vom 9. Dezember antwortet („Ich schicke Ihnen hier einen Katalog aller irischen Hotels; dort finden Sie auch Roscommon – übrigens ein guter Platz für Sie (auch Donamon) – am Katalog können Sie auch die Preise studieren!“[41]), ist es schon zu spät, um noch rettend auf die sich anbahnende Katastrophe einwirken zu können. Am 14. Januar verfaßt Gesandtschaftssekretär O'Beirne ein Schreiben, in dem er darlegt, was er darlegen muß:

> Sehr geehrter Herr Schmidt!
>
> Für Ihr Schreiben vom 9. Januar danke ich Ihnen bestens. Die Ihnen von Herrn Böll gegebene Auskunft hinsichtlich der Einreisebestimmungen ist durchaus korrekt, gründete sich jedoch auf die Annahme, daß Sie zunächst nur für kurze Zeit nach Irland führen, um zu sehen, ob Ihnen ein späterer längerer Aufenthalt zusagen würde. Da Sie aber jetzt nach Irland fahren mit der Absicht, länger als drei Monate dort zu bleiben, möchte ich Sie bitten, für Sie und Ihre Gattin ein Visum zu beantragen. Die Formulare, die je Person in dreifacher Ausfertigung auszufüllen sind, füge ich bei. Sobald Sie mir die Formulare zurückgesandt haben, werde ich sie an die zuständigen Behörden in Dublin weiterleiten und Ihnen die Entscheidung mitteilen, wenn sie vorliegt. Es wäre wünschenswert, wenn Sie Ihren Antrag durch Unterlagen unterstützen, aus denen hervorgeht, daß Ihr Aufenthalt in Irland finanziell gesichert ist.
>
> Ihre persönlichen Sachen, die Sie mit nach Irland nehmen wollen, können zollfrei eingeführt werden, sofern ein entsprechender Antrag bei den Zollbehörden eingereicht wird. Ich füge Ihnen die erforderlichen Formulare bei. Wie Sie aus den Richtlinien ersehen können, sind die Formulare in zweifacher Ausfertigung den Zollbehörden des Einfuhrhafens einzureichen.

---

40 Ebd., S. 27.

41 Ebd., S. 25 (Brief Nr. 19 vom 9. Januar 1957).

Hinsichtlich Ihrer Frage nach Großbibliotheken möchte ich Ihnen mitteilen, daß außerhalb der größeren Städte wie Dublin und Cork solche Bibliotheken meistens in Ausbildungsstätten zu finden sind. In Galway gibt es neben der Stadtbücherei noch die Universitätsbibliothek. In Limerick befindet sich eine große Stadtbücherei, und außerdem werden dort von einer Anzahl geistlicher Orden – wie z.B. Jesuiten und Redemptoristen – Schulen unterhalten.

Ich möchte Ihnen noch vorschlagen, daß Sie, ehe Sie eine endgültige Entscheidung hinsichtlich Ihres Wohnsitzes in Irland treffen, die Grafschaft Kerry besuchen und den Teil von Galway, der sich im Westen unmittelbar an die Stadt anschließt. Mit getrennter Post sende ich Ihnen einige Prospekte, die Ihnen Ihre Wahl vielleicht erleichtern. Ebenso möchte ich Ihnen die Lektüre des Buchs von A. E. Johann »Irland – Heimat der Regenbogen« empfehlen, das gerade den Westen Irlands besonders gut schildert.

Mit vorzüglicher Hochachtung
Aedan O'Beirne"[42]

Das Schreiben geht am 15. Januar 1957 bei Schmidt ein, der unter diesem Datum in seinem Tagebuch vermerkt: „Irische Gesandtschaft: Verlangt Nachweis der ›finanziellen Sicherung‹ – also Kreuzweis! Schluß mit dem Projekt!"; weiterhin notiert wird das Symbol für Alkoholgenuß und das Fazit: „Irland vergessen."[43] Die dem Schreiben von O'Beirne beigefügten Formulare legt Schmidt unausgefüllt zu den Akten; noch am selben 15. Januar schreibt er Böll, um den Hotelprospekt mit Dank zu retournieren und die Sache zu beenden:

> Ich habe unterdessen Verbindung mit der irischen Gesandtschaft aufgenommen, und erfahren müssen, daß die Herren dort weit weniger auf ›Improvisation‹ eingestellt sind, als Sie in Ihrer Gutmütigkeit es voraussetzten: Mr. Aedan O'Beirne hat mir sehr kühl die entsprechenden Antragsformulare in 2= bzw. 6=facher Ausfertigung übersandt; deren wichtigster Paragraph der ist: ›Wovon gedenken Sie während Ihres Aufenthaltes in I. zu leben (Nachweis erwünscht!)‹. / Da ich, wie ich Ihnen anläßlich Ihres Besuches ja skizzierte, nicht in der Lage bin, diesen Nachweis über längere

---

42 Ebd., S. 27 f. (Anmerkung zu Brief Nr. 20 vom 15. Januar 1957).

43 Schmidt, *Der Briefwechsel mit Alfred Andersch*, a.a.O., S. 111 (Anmerkung zu Brief Nr. 118 vom 19. Januar 1957).

> Zeiträume zu führen, scheint es mir doch besser, das ganze Projekt wieder fallen zu lassen – schade; denn ich weiß, was mir, und das binnen Kurzem, hier blühen wird! –[44]

Offensichtlich hat Schmidt Bölls Tip mit der „Improvisation" nicht verstanden – zur Improvisation hätte es ja gerade gehört, nicht sofort mit der Tür ins Haus zu fallen, sondern Schritt für Schritt vorzugehen.

Von dem schlechten Ausgang wird am 19. Januar auch Andersch in Kenntnis gesetzt, wobei Schmidt die irischen Forderungen zur Sicherheit ein wenig übertreibt:

> Also: ›Flieh! Auf! Hinaus ins weite Land!‹ – tja, aber wohin? Denn mit Irland wird es am Ende doch wohl nichts (was nicht an mir liegt); man hat botschaftlicherseits den Nachweis verlangt, daß ich für 10 Jahre Kostgeld mitbringe – ein ›Nachweis‹, den ich natürlich nicht führen kann. Also bleibt nur noch die Haide oben! (Und ich werde in den nächsten Wochen wilde Anstrengungen machen, um wenigstens die zu erreichen; denn ›Lilienthal‹ kann hier, in Darmstadt=Pforzheim nicht entstehen!). –[45]

Nicht darüber informiert, daß Schmidt seine Pläne ad acta legt, wird hingegen Gesandtschaftssekretär O'Beirne, von dem schließlich noch ein weiteres Schreiben eintrifft, datiert auf den 4. Februar:

> Sehr geehrter Herr Schmidt!
>
> Soeben habe ich von den irischen Behörden erfahren, dass es nicht möglich ist, Ihrem Wunsche, Ihre Katze in Hausquarantäne zu halten, nicht entsprochen werden kann. Die Behörden schreiben, dass der Zweck der Veterinärbestimmungen sei, das Einschleppen von ansteckenden Krankheiten – insbesondere der Tollwut zu verhindern. Die Tollwut ist solch eine bösartige Krankheit, dass man sich nicht entschließen kann, in Ihrem Falle eine Ausnahme zu machen.
>
> Es tut mir außerordentlich leid, dass ich Ihnen keine günstigere Antwort geben kann.
>
> Mit vorzüglicher Hochachtung
> Aedan O'Beirne

---

44 Schmidt, *Briefwechsel mit Kollegen*, a.a.O., S. 28 (Brief Nr. 20 vom 15. Januar 1957).

45 Schmidt, *Der Briefwechsel mit Alfred Andersch*, a.a.O., S. 111 (Brief Nr. 118 vom 19. Januar 1957).

Gesandtschaftssekretär[46]

Oben im Briefkopf dieses Schreibens prangt (wie stets auf den Briefen der irischen Gesandtschaft) eine grüne irische Harfe als Wappen. Gleich nach Erhalt dieses Schriftstücks, nämlich am 6. Februar, verfaßt Schmidt seinen Gelegenheitstext „Wüstenkönig ist der Löwe“, eine Kritik an den vielen Löwen, Adlern und sonstigem bösartigen Getier in den Wappen diverser Länder; als lobenswerteste Ausnahme preist Schmidt „die schöne Harfe des Freistaates Irland“, der er die Frage anhängt: „sollte das vielleicht das gelobte Land für Dichter und Sänger sein?“[47] In Anbetracht des Zeitpunkts, an dem Schmidt dies formuliert, kann die Frage nur als ironische gelesen werden, denn für Arno Schmidt zumindest ist Irland nun definitiv kein Land mehr – und es ist seit 1937 auch nicht mehr „Freistaat“ (ein Begriff, den auch Böll noch verwendet[48]), sondern Republik.

Unterdes hat Heinrich Böll seine Ankündigung wahrgemacht, eine Rezension über *Das steinerne Herz* zu schreiben; diese Rezension fällt ausgesprochen lobend aus, geht auf den kleinen irischen Erzählstrang in Schmidts Roman allerdings mit keinem einzigen Wort ein, und das einzig Irische an der Rezension ist die (recht an den Haaren herbeigezogene) Erwähnung des umstrittenen irischen Schriftstellers (und zeitweiligen Nazi-Propagandisten) Francis Stuart[49]. Die Rezension erscheint Mitte Januar 1957 in *Texte und*

---

46 Schreiben der Gesandtschaft von Irland (Bonn) an Arno Schmidt vom 4. Februar 1957; unpubliziert, hier zitiert nach der Präsentation als Exponat in der Ausstellung „Arno Schmidt? – Allerdings!“ der Arno Schmidt Stiftung (Bargfeld) im Schiller-Nationalmuseum in Marbach am Neckar, 30. März bis 27. August 2006.

47 Arno Schmidt, „Wüstenkönig ist der Löwe“, in Bargfelder Ausgabe, Bd. III/3, a.a.O., S. 347-349, hier S. 348 f.

48 Vgl. Böll, „Mayo. God help us“, a.a.O. (im unmittelbaren Kontext der oben zitierten Erwähnung Roscommons): „auf einer Strecke, die fast der Entfernung Köln-Frankfurt entspricht, nimmt die Bevölkerungsdichte immer mehr ab, dann kommt das große Wasser und dahinter New York mit dreimal so viel Einwohnern wie der ganze Freistaat Irland, mit mehr Iren als die drei Provinzen hinter Athlone.“ (Auch „Provinzen“ ist ein irriger Begriff; Böll meint vielmehr Grafschaften.)

49 Vgl. Heinrich Böll, „Das weiche Herz des Arno Schmidt“, in *Texte und Zeichen* III.1 (Januar 1957), S. 85-87, hier S. 86: „es gibt christliche Autoren, Francis Stuart etwa, die Gleiches versuchen [wie Schmidt]: die Liebe aus dem Ghetto zu befreien.“

Zeichen; Schmidt bedankt sich dafür offenbar bei Böll mit einem nicht erhaltenen Brief, auf den Böll am 19. Februar antwortet:

> Schade, daß Sie die Irland-Pläne aufgegeben haben: Sie sollten wirklich versuchen, zu improvisieren; es ist fast unmöglich, mit den Iren präzise Dinge abzumachen; wenn Sie erst einmal dort wären und beweisen könnten, daß Ihnen monatlich Geld überwiesen wird, hätten Sie sicher keine Schwierigkeit mehr.
>
> Ich habe meine Irland-Berichte zu einem kleinen Buch zusammengefaßt; ich werde es Ihnen gleich schicken; sobald es heraus ist, wahrscheinlich Mitte April.[50]

Der nochmalige Ratschlag, „zu improvisieren", kommt natürlich zu spät, das Thema Irland ist für Schmidt erledigt. Das von Böll angekündigte Exemplar seines *Irischen Tagebuchs* findet sich nicht in Schmidts Nachlaßbibliothek, entweder hat Böll es ihm doch nicht geschickt oder Schmidt hat es weiterverschenkt. Einen weiteren Kontakt zwischen Böll und Schmidt gibt es nicht mehr, sieht man einmal von einem kurzen Glückwunsch zur Vergabe des Literaturnobelpreises an Böll 1972 ab.

In einem Brief vom 8. März 1957 an das Ehepaar Schlotter schildert Schmidts Frau Alice ausführlich (und mit einem gewissen Verständnis für die Scheu des irischen Staats vor regelloser Einreise) die Visumprobleme, spricht aber auch noch ein anderes Problem an: „Den Prospekten nach ist die Bevölkerung sehr fromm und abergläubisch [...] Und bei näherer Überlegung: der berufene Atheist Arno Schmidt zieht freiwillig in ein rein katholisches Land?? Ist wohl doch nicht das Richtige."[51] Dieser Aspekt, von Arno Schmidt in der Korrespondenz immer heruntergespielt, scheint seine Frau stärker zu beunruhigen, und überhaupt keimt bei der Lektüre ihres Briefes an Schlotters der Verdacht, Alice Schmidt habe die Auswanderungspläne keineswegs so begeistert betrieben wie ihr Mann.

Das mag auch daran liegen, daß Arno Schmidt die professionelle schriftstellerische Perspektive beim Blick auf die Pläne doch nie ganz hat hintanstellen können – daß also für ihn das ganze Vorhaben auch in seiner konkretesten Phase vornehmlich ein anregendes Gedankenspiel ist und bleibt. Für eine Erzählidee, die er am 5. Mai 1957 auf Drängen seiner Frau mit Blick

---

50 Schmidt, *Briefwechsel mit Kollegen*, a.a.O., S. 28 (Brief Nr. 21 vom 15. Januar 1957).

51 Schmidt, *Der Briefwechsel mit Eberhard Schlotter*, a.a.O., S. 36 (Brief Nr. 13 vom 8. März 1957).

auf ein Preisausschreiben der *Süddeutschen Zeitung* entwickelt, aber dann entweder doch nicht ausführt oder gleich wieder vernichtet, skizziert er den Lebenslauf eines „Martin Dosch“ (der Name ist ein Anagramm von „Arno Schmidt“), ausgehend von seinem eigenen Lebensweg, aber am Ende in ein Gedankenspiel mündend:

> elende Jugend; Koofmich; (Modelleben X mit 3 ›l‹); Soldat; Dolmetscher; Bücher – arbeitet sich lahm; Versand an Zeitungen: Bücherwünsche. / Emigriert nach der Restauration ins Ausland / große Firmen drücken auf seine Verleger: ihn nicht mehr bringen. / Schleusenwärter an einem Torfkanal in Irland / Wortschatz verringerte sich heilsam / kein Bedürfnis zu schreiben / Ab und zu las er in ein paar deutschen Büchern [...] / Tod: erquetscht ins Wasser gefallen, Torfkahn drückt ihn an die Wand der Schleusenkammer, oben & unten kam der Saft raus [...][52]

Die Idee, von einem Torfkahn zerquetscht zu werden, paßt eigentlich eher zu Thema und Schauplatz des *Lilienthal*-Projekts, aber schon aus seinem alten Meyer weiß Schmidt, daß es in Irlands flacher Mitte sowohl ausgedehnte Torfmoore als auch zwei Kanäle, die Dublin mit dem Shannon verbinden, gibt[53], und allein dies läßt schon Raum genug für ein solches Gedankenspiel. Es ist Schmidts letztes zum Thema Irland, und so ist nach E I nun auch E II auf passende Weise zu Grabe getragen: „erquetscht“ und „ins Wasser gefallen“.

52 Arno Schmidt, „Dichter machen“, in ders., *Fragmente. Prosa, Dialoge, Essays, Autobiografisches* (Frankfurt a.M.: Suhrkamp 2003), S. 47-51, hier S. 51.

53 Vgl. den Artikel „Irland“ in *Meyers Konversations=Lexikon. Eine Encyklopädie des allgemeinen Wissens*, dritte gänzlich umgearbeitete Auflage, Bd. 9: *Holbach – Kirschäther* (Leipzig: Bibliographisches Institut 1876), S. 351-368, besonders S. 354. – Dieser Band der von Schmidt bis 1955 benutzten Ausgabe ist im Internet als Faksimile zugänglich unter <https://books.google.de/books?id=mcO0J496TlYC>.

Leere Taschen

Irland in Schmidts Werk ab 1957

Wohl durch blanken Zufall macht Arno Schmidt gerade in jener Phase, in der Ende 1956 seine Irland-Auswanderungspläne auf Touren kommen, Bekanntschaft mit einem irischen Schriftsteller, dessen Werk ihn so beeindruckt und sein Werk so stark verändert wie kein zweites (zumindest des 20. Jahrhunderts): James Joyce. Ende November jenes Jahres sucht Verleger Ernst Krawehl seinen Autor in Darmstadt auf und schenkt ihm den *Ulysses* in einer Original- und einer deutschen Ausgabe; Schmidt beginnt sofort darin zu lesen und erkennt Joyce als „großen Mann" an, auch wenn er Ähnlichkeiten mit seinen eigenen Schreibverfahren zunächst nicht wahrhaben will.[1] Das aufflammende Interesse an Joyce und die Irland-Auswanderungspläne scheinen sich über einige Wochen hinweg gegenseitig zu befruchten; deutlich wird dies besonders in Schmidts Brief an Krawehl vom 30. November 1956, dessen Zweck einerseits die Darlegung der Auswanderungspläne und die Bitte um Unterstützung ist, in dessen Argumentationsgang andererseits aber auch Joyce eingebettet wird:

> Und dann ..... tja, und dann: ich will Ihnen nicht verhehlen, daß Sie mir mit Ihrem raffinierten Geschenk des James Joyce keinen kleinen Floh ins Ohr gesetzt haben! Ich habe schon, den englischen neben dem deutschen Text, davon genascht – der müßte ja wahrlich gar keinen Kopf haben, dem so ein Stück den seinen nicht wirblig machte! – und bereits diverse Fehler, bzw. Unbeholfenheiten des Herrn Goyert feststellen müssen: das ließe sich wahrlich ganz anders machen! Und Sie raunten perfiderweise den Namen ›Finnegans Wake‹: was meinen Sie, wenn ich nach Erledigung meiner eigenen Großthemen, nach einem halben Dutzend irischen Jahren, dann tatsächlich den Versuch machte? Jaja, ich weiß, ›these things are in

1 Vgl. Friedhelm Rathjen, „Arno Schmidts Joyce-Rezeption. Chronologisches Gerüst", in ders., *Die Schlüsselschmiede. Materialien zu Arno Schmidts Joyce-Rezeption* (Südwesthörn: Edition ReJoyce 2020), S. 9-51, hier S. 10 f.

> the future‹; aber wenn man schon einmal alle pros und cons erwägt, wollen wir auch diesen Punkt nicht außer Acht lassen![2]

Die Pläne, nach Irland auszuwandern, zerschlagen sich zu Beginn des Jahres 1957, wie ich im vorausgegangenen Kapitel schildere, doch Joyce bleibt Thema für Schmidt, und mit Blick auf Joyce bleibt es für Schmidt auch wichtig, sich weiterhin in Sachen Irland kundig zu machen.

Die erste von etlichen Arbeiten, die Schmidt über Joyce verfaßt, ist im Juli 1957 der Funkdialog „Der Bogen des Odysseus“, eine vernichtende Kritik der deutschen *Ulysses*-Übersetzung von Georg Goyert, die Schmidt gleich bei seiner ersten Lektüre als defizitär erkannt hat. Den *Ulysses* sieht Schmidt als Buch der sprachlichen und inhaltlichen Fülle, auch hinsichtlich der detailreichen Zeichnung seines Schauplatzes:

> Irland, das Land, das anstatt der sonst üblichen Raubtiere, Löwen und Adler und anderes heroisches Zeug, eine *Harfe* im Wappen führt: Irland, wie quillt es über von ländlicher Fruchtbarkeit, willig dem Häuptling O'Connell Fitzsimon dargebracht![3]

Diese Fülle vermißt Schmidt in der deutschen Übersetzung, die er für sprachlich dürr hält, und ebenso vermißt er beim Übersetzer Goyert hinreichende Kenntnisse irischer Zusammenhänge:

> Joyce kommt aus Irland – und wie schlagen seine Sinn=Feiner nicht an den Schild!: der Übersetzer müßte also über irische Geschichte und Kultur nachgelesen haben. Gälisch ist mehrfach darin: zumindest müßte ein keltisches Wörterbuch neben Einem liegen.

---

2 Arno Schmidt, *Briefwechsel mit Kollegen*, hg. v. Gregor Strick (Frankfurt a.M.: Suhrkamp 2007), S. 21 (Anmerkung zu Brief Nr. 15 vom 30. November 1956).

3 Arno Schmidt, „Der Bogen des Odysseus. (Notwendige Berichtigung der Behauptung, daß ein Deutscher ihn neuerlich gespannt hätte)“, in Bargfelder Ausgabe, Bd. II/2 (Zürich: Haffmans 1990), S. 7-30, hier S. 12. – Vgl. auch Arno Schmidt, „Ulysses in Deutschland. (Zum 75. Geburtstag von James Joyce.)“, in Bargfelder Ausgabe, Bd. III/3 (Zürich: Haffmans 1995), S. 374-380, hier S. 375: „Irland, wie quillt es über von ländlicher Fruchtbarkeit, willig dem Häuptling O'Connell Fitzsimon dargebracht!“

> Das Buch spielt in Dublin: ich muß einen Stadtplan, möglichst von 1904, besitzen (es ist viel umgetauft worden seitdem; ein moderner tut's nicht ganz. [...]).“[4]

Da Schmidt es natürlich besser machen will als der von ihm kritisierte Goyert, schafft er sich am 6. Juli 1957 einen *Large Scale Plan of Dublin* an[5]; zu einem unbekannten Zeitpunkt dieses Jahres erwirbt er außerdem einen Baedeker *Großbritannien. England (außer London), Wales, Schottland und Irland*, Auflage 1906[6], und für weitergehende Recherchen steht ihm, solange er in Darmstadt wohnt, die dortige Landesbibliothek zur Verfügung. Auf diese Weise kann er sich jetzt als Irland-Kenner gerieren und fehlübersetzte Stellen bei Goyert korrigieren, indem er darauf hinweist, daß „*Beggar's Bush* eine Gegend von Dublin [ist], wo es zum Beispiel eine große Beggar's Bush=*Kaserne* gibt“[7], und daß Goyert, wenn er „sich nur ein ganz klein bißchen mit irischer Geschichte befaßt hätte“, wissen müßte, „daß [...] *Diamond* der Name eines irischen Weilers ist, bei dem im Jahre 1795 ein Gefecht zwischen Orangemen und ihren Gegnern stattfand“[8].

Schmidt selbst, soll uns das zu verstehen geben, hat sich mittlerweile mit irischer Geschichte und Topographie ausgiebig befaßt, und die erworbenen Kenntnisse nutzt er nicht nur für seine in den nächsten Jahren betriebenen Joyce-Studien, sondern auch für seinen nächsten Roman Die *Gelehrtenrepublik*, den er im Sommer 1957 in nicht einmal zwei Wochen zu Papier bringt. Im ersten Romanteil nutzt Schmidt wieder seinen schon in *Das steinerne Herz* angewandten Trick, wenn er zur Bezeichnung des Mondes als „Gow=chrómm“ durch die Zentauren anmerkt: „‹Gow› wußte er auch nicht. ‹Chromm› war das keltische ‹krumm› – wieso grade das vom Gälischen her, war unbekannt: »Zufall wohl. Scheinbar ein Förster irischer

---

4 Arno Schmidt, „Der Bogen des Odysseus“, a.a.O., S. 12.

5 Vgl. Dieter Gätjens, *Die Bibliothek Arno Schmidts. Ein kommentiertes Verzeichnis seiner Bücher*, neue Ausgabe, durchgesehen und erweitert von Günter Jürgensmeier (Bargfeld: Arno Schmidt Stiftung 2003), <www.arno-schmidt-stiftung.de/Archiv/Bibliotheksverzeichnis.html>, Nr. 956 – der Erwerb ist dort allerdings ungenau auf „1957“ datiert, diese Datierung konnte aus Unterlagen der Arno Schmidt Stiftung (Bargfeld) präzisiert werden.

6 Vgl. ebd., Nr. 903.2.

7 Schmidt, „Der Bogen des Odysseus“, a.a.O., S. 21.

8 Ebd., S. 22.

Provenienz dazwischen geraten.«"[9] Wie schon die ‚keltischen' Sprachbrocken in *Das steinerne Herz* ist „Gow=chrómm" nichts Irisches, sondern eine Frucht von Schmidts Lektüre seines schottischen Lieblingsautors, in diesem Fall aus Walter Scotts *Fair Maid of Perth*[10].

Der zweite und längste Teil der *Gelehrtenrepublik* enthält nicht nur eine Hommage an Joyce („Über dem Grab von James Joyce saß klagend die Amsel: Eleu loro: soft be his pillow. / (»Für den hätten Sie ne ganze Schwadron aufstellen sollen!« [...])"[11]) und etliche Anspielungen auf Textdetails des *Ulysses* („Fitzsimmons", „*Gordon* Bennet", „Poulaphouca River", „‹Prevention of Cruelty to Animals›"[12]), sondern entwirft mit der titelgebenden künstlichen Insel auch eine satirische Karikatur Irlands, der „Insel der Heiligen und Weisen"[13]; die Abkürzung der Schmidtschen Gelehrteninsel als IRAS ließe sich womöglich gar als „das Irland Arno Schmidts"[14] auflösen, schließlich dient als „Inselwappen" „die frei gewordene Irische Harfe"[15], außerdem vermutet der Ich-Erzähler Charles Henry Winer anfangs, in der „Versuchsanstalt für Hibernation" werde wohl, da bekanntlich „‹Hibernia› [...] der alte Name für ‹Irland›" ist, „wer hier eintrat, flugs zum Irländer gemacht"[16]. Mit der Formulierung „Von Beltane bis Samhain auch Frisch-

---

9 Arno Schmidt, *Die Gelehrtenrepublik. Kurzroman aus den Roßbreiten*, in Bargfelder Ausgabe, Bd. I/2 (Zürich: Haffmans 1986), S. 221-349, hier S. 257.

10 Vgl. Rudi Schweikert, „Denn Gow heißt Schmidt. Der rebellierende hinkende Schmied – Arno Schmidts ‚Ego-Mythos'", in Jörg Drews / Doris Plöschberger (Hg.), *Starker Toback, voller Glockenklang. Zehn Studien zum Werk Arno Schmidts* (Bielefeld: Aisthesis 2001), S. 9-46, hier S. 16-32.

11 Arno Schmidt, *Die Gelehrtenrepublik*, a.a.O, S. 293.

12 Ebd., S. 275, 298, 307, 321.

13 Vgl. James Joyce, „Irland – Insel der Heiligen und Weisen", in ders., *Kleine Schriften*, üb. v. Hiltrud Marschall u. Klaus Reichert (Frankfurt a.M.: Suhrkamp 1974), S. 165-191.

14 Friedhelm Rathjen, „Arno Schmidts Irlandreise. Acht westerweltliche Tourenziele zum literaturbewehrten Nachfahren", in *Bargfelder Bote* Lfg. 179-180 (August 1993), S. 24-33, hier S. 29; Nachdruck in Friedhelm Rathjen, *Die Kunst des Lebens. Biographische Nachforschungen zu Arno Schmidt & Consorten* (Scheeßel: Edition ReJoyce 2007), S. 65-76, hier S. 71.

15 Schmidt, *Die Gelehrtenrepublik*, a.a.O., S. 281.

16 Ebd., S. 341.

obst in Eistruhen ...“[17] zeigt Schmidt zudem, daß er inzwischen die irischen Bezeichnungen für die mythologisch aufgeladenen Festtage an den Vorabenden des 1. Mai (Sommeranfang) bzw. des 1. November (Winteranfang) kennt; da diese Begriffe im Joyceschen *Ulysses* nicht vorkommen, könnte es sich um verspätete Früchte der landeskundlichen Recherchen Schmidts in Zusammenhang mit seinen Auswanderungsplänen einige Monate zuvor gehandelt haben, ebenso aber auch um zufällig irgendwo aufgeschnappte Informationen.

Schmidts Joyce-Rezeption kann an dieser Stelle nicht noch einmal nachgezeichnet werden[18]; Irland ist und bleibt dabei allerdings auch nur Nebenthema, zumal Schmidt für das Joycesche Spätwerk *Finnegans Wake*, mit dem er sich ab 1960 vorrangig beschäftigt, eine kuriose Deutung entwickelt, derzufolge der Schauplatz der aus dem Buch nur schwer herauszudestillierenden Handlung nicht in Irland, sondern in Triest anzusiedeln sei.

Daß Schmidt mit den kursierenden Klischees und Stereotypen über Irland und seine Bewohner durchaus vertraut ist, zeigt er nicht in seinen Joyce-Essays, sondern in „Angria & Gondal“, seinem um die Jahreswende 1959/60 entstandenen Funkdialog über die Geschwister Brontë, wobei für den Konnex deren Vater der Auslöser ist:

> *A.:* [...] *Patrick Brunty.*
>
> *B.:* Dessen Vorname ja bereits den *Iren* kundtut: also *beide* Elternteile keltisch. Darf ich übrigens gleich darauf hinweisen, daß, meines geringen Wissens, die Kelten *nicht nur* feurig=romantisch=poetisch sind; sondern gleichermaßen arbeitsscheu, eitel und versoffen. Oder hat man mich da falsch berichtet?
>
> *A.:* Es ist zwar mißlich, mit ‹Volkscharakteren› zu arbeiten; einzelne Züge treffen freilich: aber wir haben es grundsätzlich mit Individuen zu tun![19]

Hier bringt Schmidt es fertig, die Klischees zwar als solche zu entlarven, ihnen aber gleichzeitig eine gewisse Gültigkeit zu bescheinigen – ein

---

17 Ebd., S. 275.

18 Vgl dazu als umfassenden Abriß Friedhelm Rathjen, *Die Höllenschmiede. Arno Schmidt zerschlossert James Joyce* (Südwesthörn: Edition ReJoyce 2019).

19 Arno Schmidt, „Angria & Gondal. Der Traum der taubengrauen Schwestern“, in Bargfelder Ausgabe, Bd. II/2, a.a.O., S. 403-432, hier S. 405.

äußerst zweifelhaftes Verfahren, das sich durch den ganzen Essay zieht, insbesondere in der Zeichnung besagten Vaters:

> *A.:* [...] Stellen Sie sich den kleinen Patrick Brunty – 1777 war er geboren – als barfüßigen, ziemlich zerlumpten Jungen vor; umgeben von dem üblichen irischen Kinderdutzend .....
>
> *B. (einschaltend):* Richtig; das hatt'ich vorhin noch vergessen: Armut & Fruchtbarkeit .....
>
> *A.:* Der Vater – übrigens Protestant: ein erster un=irischer Zug – besitzt ein paar ganz unzureichende Morgen Ackerland. [...] Die ‹Begabung› des Jungen ist ebensogroß wie sein Lerneifer, *und sein Fleiß:* un=irisch, eh?![20]

Im weiteren Fortgang wird „die berufene Irische Eitelkeit"[21] erwähnt und das beliebte Begriffspaar „irisch=rothaarig"[22] repliziert; es hat fast den Anschein, als wolle Schmidt die Gelegenheit dieses Themas noch einmal ordentlich nutzen, um sich für das Scheitern seiner Auswanderungspläne zu rächen – oder sich andersrum vielleicht doch nur zu versichern, wie gut es sei, daß sich diese Pläne nicht haben verwirklichen lassen. In einem am 1. Januar 1960 – also genau in der Zeit, in der er an „Angria & Gondal" arbeitet – verfaßten Brief an Wilhelm Michels, dem er seine aktuellen Probleme mit dem Verleger Ernst Krawehl schildert, gipfeln diese Klagen jedenfalls in dem Stoßseufzer: „In Irland, und uns auf den verlassen: oh jeh – –."[23]

In *Kaff auch Mare Crisium*, dem dicken Roman, den Schmidt ebenfalls um diese Zeit schreibt, kommt als Nebenfigur der Mondhandlung ein Kriegsminister vor, der „O'Stritch" heißt und einmal als „irischer Bankert!"[24] bezeichnet wird; allerdings ist dies allenfalls in zweiter Linie ein Seitenhieb auf Irland, vielmehr erfolgt die Namensgebung über die Übersetzung des Nachnamens von Franz Josef Strauß (zur Zeit der Abfassung des Romans bundesdeutscher Verteidigungsminister) ins Englische, was die

---

20 Ebd., S. 405 f.

21 Ebd., S. 407.

22 Ebd., S. 428.

23 Arno Schmidt, *Der Briefwechsel mit Wilhelm Michels. Mit einigen Briefen von und an Elfriede Bokelmann, Erika Michels und Alice Schmidt*, hg. v. Bernd Rauschenbach (Zürich: Haffmans 1987), S. 142 (Brief Nr. 158 vom 1. Januar 1960).

24 Arno Schmidt, *Kaff auch Mare Crisium*, in Bargfelder Ausgabe, Bd. I/3 (Zürich: Haffmans 1987), S. 7-277, hier S. 141.

Vokabel *ostrich* ergibt, aus der sich trefflich ein Name gewinnen läßt, der aussieht, als folge er den Regeln patronymischer irischer Namensbildung.

In der zweiten Entwurffassung seiner Erzählung „Kühe in Halbtrauer“, niedergeschrieben am 21. Juli 1961, läßt Schmidt den Erzähler seine Frau fragen: „Sag ma, Christie –: Hättest Du sehr viel dagegen, wenn wir uns für Onkels Geld Haus & Grundstück in Irland kauften?“ Die Antwort ist eindeutig: „Du hast ja ’n Knall, Kerl! – Wieviel hast’nn heute Abend getrunken?“[25] Das mag eine leise Andeutung sein, Alice Schmidt habe die seinerzeitigen Auswanderungspläne kritischer gesehen als ihr Mann; diese Textfassung verwirft Schmidt allerdings ohnehin wieder, in der Schlußfassung kommt sie nicht vor. Eine Art Variante erscheint dann aber in der nächsten Erzählung „Großer Kain“, geschrieben im Oktober 1961; in dieser Erzählung findet sich einerseits eine verdeckte Joyce-Folie[26], andererseits ist in die Charakterisierung der rasant autofahrenden Figur Ernst auch derjenige Kollege Schmidts eingegangen, mit dem dieser erstmals die Möglichkeiten einer Auswanderung nach Irland diskutiert hat („E. Kr. in D.“[27] = Ernst Kreuder in Darmstadt), insofern ist es mehr als passend, daß zumindest an einer Textstelle das Thema Irland kurz aufscheint, nämlich in Gestalt der von Ernst und seiner Frau geschilderten

> irischen Neumond=Nacht; als durch das, der Schwüle halber offen gelassene, Busserlfenster die Ganovenhand getastet gekommen war : – : erst ihm zweimal auf die Nase. Dann Ella auf die so gut wie entblößte linke.[28]

---

25 Arno Schmidt, „Kühe in Halbtrauer“, 2. Entwurf, in ders., *Fragmente. Prosa, Dialoge, Essays, Autobiografisches* (Frankfurt a.M.: Suhrkamp 2003), S. 124-128, hier S. 128.

26 Vgl. Friedhelm Rathjen, „Kain und Babel. Die Gebrüder Joyce in Arno Schmidts Erzählung ‚Großer Kain‘“, in ders., *Der Höllenschlüssel*, a.a.O., S. 83-100.

27 Arno Schmidt, „Großer Kain“, in Bargfelder Ausgabe, Bd. I/3, a.a.O., S. 351-367, hier S. 356. Vgl. dazu auch Friedhelm Rathjen, „E. Kr. in D. und J. J. aus D. Eine Mondaminmärchenmarginalie zu ‚Großer Kain‘“, in *Bargfelder Bote* Lfg. 143-144 (Februar 1990), S. 10-12; Nachdruck in Friedhelm Rathjen, *Textarbeit, Textvergnügen. Einzeltextstudien zu Arno Schmidt* (Scheeßel: Edition ReJoyce 2008), S. 153-156.

28 Schmidt, „Großer Kain“, a.a.O., S. 354.

Für andere irische Literatur als eben James Joyce scheint Schmidt sich in diesen Jahren nicht zu interessieren. Allerdings wird ihm im Dezember 1962 angeboten, den Roman *Das harte Leben* von Flann O'Brien zu übersetzen, und Schmidt sagt sogar nach kurzer Prüfung des Buches zu – das Vorhaben scheitert dann jedoch an der Honorarfrage. Dennoch bleibt das Übersetzungsangebot nicht ohne Folgen, denn einige Details insbesondere vom Anfang des Romans seines irischen Kollegen verarbeitet Schmidt in der Erzählung „Die Wasserstraße", die er im Januar 1963 schreibt.[29] An Schmidts Stelle übersetzen schließlich Annemarie und Heinrich Böll das Buch von Flann O'Brien – was faktisch heißt: Annemarie Böll übersetzt, und ihr Mann sieht das Ergebnis anschließend durch und läßt sich öffentlich für seine übersetzerischen Leistungen loben.

Alfred Andersch, der in der ersten Phase der Schmidtschen Irland-Auswanderungspläne noch heftige Einwände hatte (festgehalten von Alice Schmidt in ihrem Tagebuch am 7. Juni 1955 anläßlich eines Besuchs[30]), in der zweiten Phase hingegen nicht nur Zustimmung signalisierte, sondern sogar ein vages Interesse, es Schmidt womöglich gleichzutun (so in seinem Brief vom 7. Juni 1955[31]), lebt seit 1958 in der Schweiz, verwirklicht schließlich 1964 aber etwas, das Schmidt nie schaffen wird, nämlich zumindest eine Reise nach Irland. Am 4. September jenes Jahres schickt er Schmidt aus Dublin eine Ansichtskarte des fürs Joycesche Werk so wichtigen Flusses, der Liffey: „Lieber Arno, der berühmte Liffey ist in Wirklichkeit eine stinkende Kloake. Aber Joyce (und Beckett) versteht man doch ein wenig besser, wenn man Irland, wenn auch nur kurz, gesehen hat."[32] Für

---

29 Vgl. Friedhelm Rathjen, „Gelassenes Wasser. Arno Schmidt als Nichtübersetzer von Flann O'Brien", in Gisela Holfter / Hans-Walter Schmidt-Hannisa (Hg.), *German-Irish Encounters / Deutsch-irische Begegnungen. Hermann Rasche zum 65. Geburtstag* (Trier: WVT Wissenschaftlicher Verlag Trier 2007), S. 169-184; Nachdruck in Friedhelm Rathjen, *Bargfeld Transfer. Studien zu Arno Schmidt als Übersetzer und Transformator* (Scheeßel: Edition ReJoyce 2010), S. 145-162.

30 Alice Schmidt, *Tagebuch aus dem Jahr 1955*, hg. v. Susanne Fischer (Berlin: Suhrkamp 2008), S. 143 (Eintrag vom 9. Januar 1955).

31 Arno Schmidt, „Berechnungen II", in Bargfelder Ausgabe, Bd. III/3, a.a.O., S. 275-284, hier S. 275.

32 Arno Schmidt, *Der Briefwechsel mit Alfred Andersch. Mit einigen Briefen von und an Gisela Andersch, Hans Magnus Enzensberger, Helmut Heißenbüttel und Alice Schmidt*, hg. v. Bernd Rauschenbach

Beckett kann Schmidt sich nie erwärmen, aber die bei Joyce stets durch und durch weibliche Liffey interessiert ihn immerhin so sehr, daß er sich ein halbes Jahr nach Erhalt der Postkarte von Andersch bei der Spezialbuchhandlung Schmorl & v. Seefeld in Hannover einen Satz genauer topographischer Karten bestellt, „die, meines Ausknobelns, den gesamten Verlauf des River Liffey enthalten müssten“[33]. Was genau Schmidt mit diesen Karten vorhat, muß offen bleiben; womöglich geht es um ein nicht realisiertes Joyce-Vorhaben.

In der zweiten Hälfte der 60er Jahre ist Schmidt fast ausschließlich mit der Übersetzung von Werken seines früheren Lieblings Edgar Allan Poe und im Anschluß daran mit der Verfertigung seines überdimensionalen Poe-Romans *Zettel's Traum* beschäftigt. Schon bei der Übersetzungsarbeit läßt Schmidt seinen Mitübersetzer Hans Wollschläger wissen, für die Arbeit an Poes Gedichten brauche er „unbedingt Kenntnis THOMAS MOORE's“[34], denn „die ›Lalla Rookh‹ des THOMAS MOORE“ sei „1 von POE's Lieblingsstücken, das Sie auch einmal lesen sollten.“[35] Folglich wird der vor allem als Verfasser romantisch-sentimentaler Gedichte und Liedtexte volkstümlicher Ausprägung bekannte irische Lyriker dann auch in *Zettel's Traum* vielfach erwähnt und zitiert, wobei das Thema Irland aber weitgehend im Hintergrund bleibt – das Augenmerk richtet sich vornehmlich auf das Versepos *Lalla Rookh* (1817), dessen Untertitel „An Oriental Romance“ schon andeutet, daß es hier um irlandferne Sujets geht. Offensichtlich erst im fortgeschrittenen Stadium der Arbeit an *Zettel's Traum* legt Schmidt sich eine alte Ausgabe von Moores *Poetical Works* zu und verteilt dann Zitate daraus nachträglich rückarbeitend über das komplette Buch.[36]

(Zürich: Haffmans 1985), S. 245 (Brief Nr. 45 vom 4. September 1964).

33 Arno Schmidt, „Eine Postkarte und ein Brief. »An das Landkartenhaus Schmorl & v. Seefeld / 3 Hannover / Bahnhofstr. 14«“, in *Bargfelder Bote* Lfg. 311-312 (Oktober 2008), S. 3 f., hier S. 4.

34 Arno Schmidt, *Der Briefwechsel mit Hans Wollschläger*, hg. v. Giesbert Damaschke (Berlin: Suhrkamp 2018), S. 675 (Brief Nr. 311 vom 26. Juni 1964).

35 Ebd., S. 662 (Brief Nr. 302 vom 15. April 1964).

36 Vgl. den Artikel „**Moore**, Thomas (1779-1852)“ in Friedhelm Rathjen, *Von Tatwin of Canterbury bis John Lennon. Kommentiertes Register der von Arno Schmidt rezipierten Autoren aus der anglophonen Welt* (Südwesthörn: Edition ReJoyce 2018), S. 199-201, hier S. 199.

Zwei weitere irische Autoren, von denen sich Schmidt (und in diesem Fall nicht aufgrund eines Zusammenhangs mit Poe, sondern aus eigenem Interesse) im späteren Stadium der Arbeit an *Zettel's Traum* Werkausgaben zulegt, sind Oscar Wilde und George Bernard Shaw. Von Wilde finden sich etliche Zitate vornehmlich in den hinteren Textteilen von *Zettel's Traum*, aber kaum noch in Schmidts späterem Werk[37]; noch weitaus mehr Bezugnahmen gibt es auf Texte von Shaw, und zwar sowohl in *Zettel's Traum* als auch in Schmidts Nachfolgebuch *Die Schule der Atheisten*[38]. Gemeinsam haben Wilde und Shaw allerdings, daß ihr irischer Hintergrund in Schmidts Werk keine Rolle spielt.

An einer Textstelle kommt Schmidt noch einmal auf das ihm seit der Jugendzeit bekannte Gedicht „The Lake Isle of Innisfree“ von William Butler Yeats zu sprechen, unterzieht es hier allerdings einer kalauernden Entzauberung:

> P bückte Sich; zog 1 Radieschen; und erzählte von ›Innisfree‹ : wie Die da buchstäblich ›9 bean=rows‹ gepflanzt hättn & se den Fremdn=Idiotn vorzeigtn : ! (›& I shall have some peas there‹.)[39]

Nur wenige prononciert irische Details sprachlicher, landeskundlicher oder kulturgeschichtlicher Art tauchen in *Zettel's Traum* auf, so der als Schimpfwort (für einen Dummkopf oder Einfaltspinsel) verwendete Begriff „Omadhaun!“[40], den Schmidt wahrscheinlich aus der frühen Erzählung „Grace“ von James Joyce kennt, der in der frühen normannisch-irischen Kolonialgeschichte verankerte Name „De POER's (›irischer Adel‹!)"[41], bei dem es Schmidt aber vermutlich nur um einen Kalauer einerseits auf den Nachnamen Poes und andererseits auf die sprichwörtliche irische Armut („poor“) geht, oder die Bezugnahme auf die sagenumwobene Reise des

---

37 Vgl. die Nachweise im Artikel „**Wilde**, Oscar (Fingal O'Flaherty Wills) (1854-1900)“ ebd., S. 317-319.

38 Vgl. die Nachweise im Artikel „**Shaw**, George Bernard (1856-1950)“ ebd., S. 266-269, außerdem als ausführlichere Darstellung Friedhelm Rathjen, „Not fit for elderly people to see. George Bernard Shaw in Schmidts Spätwerk – eine Spurenlese“, in ders., *Einzig in Gesellschaft. Vermischtes über Arno Schmidt und einige seiner Zeitgenossen* (Südwesthörn: Edition ReJoyce 2020), S. 93-112.

39 Arno Schmidt, *Zettel's Traum*, = Bargfelder Ausgabe, Bd. IV/1 (Berlin: Suhrkamp 2010), S. 362.

40 Ebd., S. 1165.

41 Ebd., S. 258.

heiligen Brendan (Brandanus) bis nach Amerika und ähnliche frühirische Seefahrerlegenden[42]. Die an einer Textstelle aufscheinende Gleichung „›Barkshire‹ war Irland; barks = Iren & Irinnen“[43] entspringt nicht einer tieferen Beschäftigung mit irischer Landeskunde, sondern ist einer von unzähligen Funden, die Schmidt aus den Slang-Wörterbüchern von Eric Partridge schöpft. Der Schimpfausdruck „das dreckije IRRLand”[44] mag als thematischer Rausschmeißer dienen, jedenfalls was die Textmassen von *Zettel's Traum* betrifft.

Auch im Nachfolgebuch *Die Schule der Atheisten* spielt Irland keine erkennbare Rolle; etwas anders sieht es aber im Falle von Schmidts letztem vollendeten Buch aus, *Abend mit Goldrand*. In diesem Dialogroman geht es auf vielfache Weise um Sekten, Jugend-, Sub- und Protestkulturen, auch um Vaganten- und Aussteigertum, fahrendes Volk und Aufrührerei. Diesen Themenkreisen ist das Thema Irland auf mehrfache Weise anschließbar. Die Präsenz langhaariger Systemfeinde (durchaus mit Anklängen an die Bader-Meinhof-Gruppe) rufen das Thema Terrorismus auf, das eine aktuelle (allerdings nord-) irische Variante kennt: „Irische TollhausNächte: eine heillose Fertigkeit im BombmVersteckn, (in der sich besonders die SubTeener auszeichnetn)“[45]. Dieses in den 70er Jahren des 20. Jahrhunderts fast täglich in der *Tagesschau* und sonstiger Medienberichterstattung präsente Thema der IRA-Terroristen bestimmt auch die Fragen, die ein „›MeinungsForscher‹“ stellt: „Was Wir von ›Irland‹ haltn?; oder von FreLiMo?!“[46] Neben diesen aktuellen Entwicklungen spielen aber auch historische Irlandbilder und -klischees eine Rolle. So erklärt die Mysterikerin Ann'Ev':

> (Oder im Bildband ›Dublin‹, ›Genealogisches Museum‹, S. 35): »Wem gehört das leere Fahrrad? – (?): Oh; ich könnt's rauskriegn, wenn ich mich drauf concentrirte: ich kann weissagn!«[47]

Ein Exemplar des gemeinten Bildbands *Dublin and Cork: A Book of Photographs* mit dem entsprechenden Foto auf der genannten Seite steht in Arno

---

42 Ebd., S. 629.

43 Vgl. ebd., S. 1277-1279.

44 Ebd., S. 1181.

45 Arno Schmidt, *Abend mit Goldrand. eine MärchenPosse. 55 Bilder aus der $L^{ä}/_{E}$ndlichkeit für Gönner der VerschreibKunst*, = Bargfelder Ausgabe, Bd. IV/3 (Zürich: Haffmans 1993), S. 43.

46 Ebd., S. 79.

47 Ebd., S. 73.

Schmidts Nachlaßbibliothek; das Buch wurde 1961 gedruckt und von Schmidt vermutlich im Rahmen seiner Joyce-Studien angeschafft.[48] Sehr viel weiter in die irische Vergangenheit greift Schmidt schließlich mit der folgenden drastischen Beschreibung desolater Lebensverhältnisse:

> (: ›The other as goodly sight I saw, was women travayling or toyling at home, carry their infants about their necks and laying their dugges over their shoulders, would give suck to the babies behind their backes, without taking them in their arms. Such kinds of breasts, methinketh, were very fit to be made money=bags for East= or WestIndian merchants, being more than halfe a yard long, and as well wrought as any tanner, in the like charge, could ever mollifie such leather.‹; W. LITHGOW, ›Ireland in 1619‹.)[49]

Schmidt gibt in diesem Fall sogar eine Quelle an – aus der er allerdings nicht direkt zitiert, denn er besaß William Lithgows 1632 publizierte Schrift mit dem vollständigen Titel *The totall discourse of the rare adventures & painefull peregrinations of long nineteene years travayles from Scotland to the most famous Kingdomes in Europe, Asia and Affrica* gar nicht, sondern zitiert einen Passus, den er in *Chambers's Cyclopaedia of English Literature* gefunden hat[50].

Aufschlußreicher für Schmidts Weiterbeschäftigung mit Irland nach Ende der 50er Jahre ist ein anderes, zunächst weit weniger auffälliges und zudem unmarkiertes Zitat in *Abend mit Goldrand.* Zu Beginn von Bild 27 erklärt Egg, ein Mitglied der durchziehenden Jugendrotte: „Hier stehen Wir mit dem Gesicht gegn die Wand, und singen $^{vor}/_{mit}$ leeren Taschen“[51]. Schmidt eignet sich hier eine Version des Gedichts „Raftery the Poet“ an, als dessen Urheber der irische Lyriker Anthony Raftery gilt, der eigentlich irisch

---

48 Vgl. Gätjens / Jürgensmeier, *Die Bibliothek Arno Schmidts*, a.a.O., Nr. 922.2, sowie den Bildband von R. S. Magowan, *Dublin and Cork: A Book of Photographs* (London: Spring Books 1961), S. 35 (das „Genealogical Museum“, heute Genealogical Office, ist Teil des Dubliner Schlosses).

49 Schmidt, *Abend mit Goldrand*, a.a.O. S. 274.

50 Vgl. Friedhelm Rathjen, „‚This he overwent, so also will I‘. *Chambers's Cyclopaedia of English Literature* als später Quell in *Abend mit Goldrand* und *Julia, oder die Gemälde*“, in ders., *Zettelwirtschaft. Studien zu Genese und Rezeption des Spätwerks von Arno Schmidt* (Südwesthörn: Edition ReJoyce 2016), S. 125-165, hier S. 157.

51 Schmidt, *Abend mit Goldrand*, a.a.O., S. 144.

Antoine Ó Raifteirí hieß und dessen Lebensdaten heute meist mit 1779 bis 1835 angegeben werden; dieser schon in seiner Kindheit infolge einer Pockenerkrankung erblindete Wanderdichter wird gemeinhin als Letzter der irischen Barden bezeichnet. Daß die genannte Textstelle in Schmidts *Abend mit Goldrand* auf „Raftery the Poet“ beruht, wird besonders deutlich bei einem Vergleich mit der Schlußstrophe der Übersetzung von Frank O'Connor:

I am Raftery the poet,
Full of hope and love,
My eyes without light
My mind without torment.

Going west on my journey
By the light of my heart,
Weak and tired
To my road's end.

Look at me now,
My face to the wall,
Playing music
To empty pockets.[52]

Von den vier Verszeilen der Schlußstrophe tauchen zwei – die zweite und die vierte – zwar in deutscher Fassung, ansonsten aber unverändert in Schmidts Text wieder auf, wohingegen die Aufforderung „Look at me now“ durch die Selbstversicherung „Hier stehen wir“ und das Musizieren durch Singen ersetzt wurde, außerdem ist die Textstimme vom Singular in den Plural überführt worden.

Es stellt sich jedoch die Frage, welche Fassung der Verse Schmidt gekannt hat. Geben wir zunächst, wie es guten Übersetzern gebührt, dem Original das Primat; es ist betitelt „Mise Raifteirí an File“ und hat folgenden Wortlaut:

Mise Raifteirí an file,
Lán dóchas agus grá,
Le súile gan solas,
Le ciúnas gan chrá.

---

52 Anthony Raftery, „Raftery the Poet“, üb. v. Frank O'Connor, in O'Connor (Hg.), *A Book of Ireland* (Glasgow: Collins 1959), S. 310.

Ag dul siar ar m'aistear
Le solas mo chroí
Fann agus tuirseach
Go deireadh mo shlí.

Féach anois mé
Agus m'aghaidh ar bhalla,
Ag seinm ceoil
Do phócaí folamh'.[53]

Um den Fall zu verwirren, könnten wir an dieser Stelle drauf verweisen, daß dies nur eine von mehreren in Umlauf befindlichen Originalversionen ist, aber dieses Faktum ignorieren wir vorsichtshalber, zumal Arno Schmidt zweifellos nicht in der Lage war, einen irischen Text hinreichend zu durchdringen.

Es existiert eine ganze Reihe teils markant voneinander abweichender englischsprachiger Übersetzungen des irischen Originals; diese Fassungen möchte ich an dieser Stelle nicht alle zitieren, sondern mich auf die Version des Lyrikers und ersten irischen Staatspräsidenten Douglas Hyde (1860-1949) beschränken, die unter dem Titel „I Am Raftery" verbreitet ist:

I am Raftery the Poet
  Full of hope and love,
With eyes that have no light,
  With gentleness that has no misery.

Going west upon my pilgrimage
  By the light of my heart,
Feeble and tired
  To the end of my road.

Behold me now,
  And my face to the wall,
A-playing music
  Unto empty pockets.[54]

---

53 Antoine Ó Raifteirí, „Mise Raifteirí an file", in Colm Tóibín (Einl.), *The Irish Times Book of Favourite Irish Poems* (Dublin: Irish Times Books 2000), S. 53.

54 Anthony Raftery, „I Am Raftery", üb. v. Douglas Hyde, in Bob Blaisdell (Hg.), *Irish Verse. An Anthology* (Mineola: Dover 2002), S. 42. –

In früheren Beiträgen habe ich angenommen, der Anverwandlung in *Abend mit Goldrand* liege das Gedicht „vermutlich in Schmidts eigener Übersetzung“[55] zugrunde, weil mir eine „deutsche Übersetzung des Wortlauts, den Schmidt bringt, [...] nicht bekannt“[56] sei. Für eine eigene Übersetzung hätte Schmidt aber ja eine Vorlage gebraucht, also den Text in einer englischen Fassung, da ihm die irische Sprache unzugänglich war; eine solche Fassung ist allerdings in den Beständen von Schmidts Nachlaßbibliothek nicht zu finden, weswegen Günter Jürgensmeier in seiner auf digitalen Auswertungen von Schmidts Bibliotheksbestand beruhenden Zitaterekonstruktion denn auch nur aufs Geratewohl hilfsweise eine Version der Textfassung von Douglas Hyde angeben und dann notieren kann: „Schmidts Quelle konnte nicht ermittelt werden.“[57]

Kann sie aber vielleicht doch.

Als ich seinerzeit behauptete, eine „deutsche Übersetzung des Wortlauts, den Schmidt bringt“, sei mir „nicht bekannt“, kannte ich vornehmlich die Fassung von Hans Trausil, gedruckt 1923 in der Sammlung *Ein Zweig von Schlehdorn*. Sie lautet unter dem Titel „Raftery der Dichter“ (mit dem in Klammern gesetzten Zusatz: „Die Antwort, die er einem Fremden auf die Frage gab, wer er ist“):

Diese Fassung erschien zuerst in der 1873 von Hyde herausgegebenen und überaus einflußreichen Sammlung *The Love Songs of Connaught*. – Weitere englischsprachige Fassungen finden sich zitiert in Friedhelm Rathjen, „Raftery bei Schmidt. Aber wohl doch nicht bei Joyce“, in ders., *Textfunde. Eine Wundertüte zur Weltliteratur mit James Joyce als Zunderwunder* (Südwesthörn: Edition ReJoyce 2022), S. 83-92.

55 Friedhelm Rathjen, Einzelstellenerläuterung zu „AmG 101 r“, in *Bargfelder Bote* Lfg. 188-190 (September 1994), S. 34.

56 Friedhelm Rathjen, „Scylla & Charybdis in Klappendorf? Um eine Joycesche Figurenkonstellation in *Abend mit Goldrand*“, in ders., *Dublin ➔ Bargfeld. Von James Joyce zu Arno Schmidt* (Frankfurt a.M.: Bangert & Metzler 1987), S. 56-93, hier S. 91, Anmerkung 125.

57 Günter Jürgensmeier, „und noch was Anderes“. Die Zitate in Arno Schmidts *Abend mit Goldrand* und ihre Quellen. Bargfeld: Arno Schmidt Stiftung [2]2021, <www.arno-schmidt-stiftung.de/Archiv/ZitateinAbendmitGoldrand.html>, S. 381. Die hier ohne Quellenangabe zitierte englische Übersetzung von Douglas Hyde lautet: „Behold me now, / And my face [my back] to the wall, / A-playing music / Unto empty pockets.“ (Eckige Klammer bei Jürgensmeier.)

Ich bin Raftery der Dichter,
Voller Hoffnung und Liebe;
Meine Augen sind ohne Licht,
Meine Sanftmut ist ohne Elend.

Ich wandere westwärts
Beim Lichte meines Herzens;
Schwach und müde
Bis an das Ende meines Weges.

Siehe, jetzt stehe ich
Mit dem Gesicht gegen eine Mauer
Und mache Musik
Vor leeren Taschen.[58]

Im Anhang des Bändchens gibt Trausil als Quelle des Gedichts Hydes *Love Songs of Connaught* an[59], nur hilft uns das mit Blick auf Schmidt noch nicht viel weiter, weil die zitierte Fassung Trausils doch keine hinreichende Übereinstimmung mit der Textstelle in *Abend mit Goldrand* aufweist.

Allerdings hat Trausil seine Sammlung im Abstand von dreieinhalb Jahrzehnten noch einmal in einer stark veränderten Fassung herausgebracht, nun mit dem neuen Titel *Irische Harfe* unter Hinzunahme neuer Texte (darunter sogar ein Joyce-Gedicht, von Trausil übersetzt unter dem Titel „Ich höre eine Heerschar") und Revision einiger der schon zuvor abgedruckten Texte. Revidiert wird dabei auch das uns interessierende Raftery-Gedicht, das nunmehr in folgender Fassung zum Abdruck kommt:

Raftery bin ich, der Dichter,
voller Hoffnung und Liebe;
meine Augen sind ohne Licht,
meine Sanftmut ist ohne Bitternis.

Ich wandere westwärts
beim Lichte meines Herzens,
schwach und müde,
bis an das Ende meines Weges.

---

58 „Raftery der Dichter", in *Ein Zweig vom Schlehdorn. Irische Dichtungen*, ausgew. u. üb. v. Hans Trausil, mit einer Einleitung v. Padraic Colum (München-Pasing: Roland 1923), S. 80.

59 Vgl. ebd., S. 134.

> Siehe, hier stehe ich
> mit dem Gesicht gegen eine Mauer
> und mache Musik
> vor leeren Taschen.[60]

Hier ist passiert, was häufig passiert, wenn Übersetzer ihre Übersetzungen überarbeiten – die Bindung an die ursprüngliche Übersetzungsvorlage wird gelockert, weil in diese Vorlage vermutlich nicht noch einmal hineingeschaut wird, und das Resultat wird ‚selbständiger', damit allerdings auch – als Übersetzung – unzuverlässiger. Diese nachträglichen Eingriffe betreffen die dritte Strophe noch am wenigsten, hier ist im Prinzip nur die erste Verszeile geringfügig modifiziert worden, aus „Siehe, jetzt stehe ich" wird „Siehe, hier stehe ich". Genau dies aber ist die Veränderung, die anzeigt, daß die Textstelle in Schmidts *Abend mit Goldrand* hier ihren Ursprung hat, denn ohne das „hier stehe ich", das von keiner englischsprachigen Fassung auch nur ansatzweise gedeckt ist, hätte Schmidt nicht auf sein „Hier stehen Wir" kommen können. Hat Schmidt also Trausils Sammlung in der Fassung von 1957 verarbeitet?

Dafür gibt es leider keinen wirklichen Anhaltspunkt. Trausils Sammlung steht nicht in Schmidts Nachlaßbibliothek, und auch mit emsigem Bemühen läßt sich bei genauer Durchsicht nicht das geringste Indiz dafür finden, daß Schmidt weitere Texte aus *Irische Harfe* gekannt und verarbeitet hätte. Vielmehr ist Schmidt an das Raftery-Gedicht über einen Zwischenträger geraten, und dieser Zwischenträger ist – erstaunlicherweise – ein Filmskript.

Im 1976 erschienenen Irland-Heft der Zeitschrift *Merian* findet sich das Skript zu Heinrich Bölls TV-Film *Irland und seine Kinder* abgedruckt. An einer Stelle des Skripts lesen wir:

> Die Wanderbühnen bieten den Traum und die Illusion in ihrer ältesten Form, sie sind die Nachfahren der wandernden Sänger, wandernden Dichter, deren bekanntester sang: „Hier steh' ich mit

---

60 Raftery, „Die Antwort, die er einem Fremden auf die Frage gab, wer er ist", in *Irische Harfe. Gedichte vom achten Jahrhundert bis zur Gegenwart*, aus dem Gälischen und Anglo-Irischen üb. v. Hans Trausil mit einer Einleitung von Padraic Colum (Ebenhausen: Langewiesche-Brandt 1957, ^{2}1983), S. 72.

> dem Gesicht gegen eine Mauer und mache Musik vor leeren Taschen."[61]

Das ist *fast* genau der Wortlaut, den die Schlußstrophe des Raftery-Gedichts in Trausils Fassung von 1957 hat; Böll bedient sich auch noch an anderer Stelle bei Trausils Sammlung, soweit ist der Zusammenhang unstrittig. In der fraglichen Strophe nimmt Böll nur eine minimale Änderung vor, das „Siehe, hier stehe ich" verkürzt er zu „Hier steh' ich", was wiederum ein kleiner Schritt hin zu Schmidts „Hier stehen Wir" ist. Soweit scheint der Fall klar.

Unklar ist nur, woher Schmidt Bölls Film oder das Skript dazu kannte. Das *Merian*-Heft erschien zu spät für *Abend mit Goldrand*, nämlich erst nach der Publikation von Schmidts Buch, es kommt als Quelle folglich nicht infrage. Der Film selbst entstand 1960/61, ausgestrahlt wurde er am 8. März 1961 in der ARD – zu diesem Zeitpunkt gab es im Hause Schmidt noch kein Fernsehgerät, zudem war der sporadische persönliche Kontakt zwischen Schmidt und Böll zu dieser Zeit schon seit vier Jahren wieder eingeschlafen, da erscheint es unwahrscheinlich, daß Schmidt Interesse an Fernsehaktivitäten Bölls gehabt hätte oder Böll sich die Mühe gemacht hätte, ihn auf die Sendung hinzuweisen oder ihm gar das Skript zukommen zu lassen.

Als plausibelste These ergibt sich die Vermutung, daß Schmidt Bölls Film bei einer Wiederholung dann doch noch im Fernsehen gesehen hat. Gezeigt wurde der Film am Montag, dem 19. September 1966, um 20:15 Uhr im 3. Fernsehprogramm der „Nordkette" (NDR, Radio Bremen und SFB). Schmidt besitzt zu diesem Zeitpunkt seit rund drei Jahren ein Fernsehgerät, das er während der Niederschrift seines Großromans *Zettel's Traum* abends ausgiebig nutzt, wie sich auch im Romantext immer wieder feststellen läßt. Um den Böll-Film sehen zu können, müßte er auf die Konkurrenzangebote in den beiden anderen Sendern verzichten, nämlich auf „Report" im 1. und auf „Die romantische Straße" im 2. Programm – wohl keineswegs eine schwere Entscheidung für Arno und Alice Schmidt. Hat Schmidt dann während der Sendung einen seiner berüchtigten Zettel gezückt, um darauf jenen Wortlaut zu notieren, den er Jahre später in *Abend mit Goldrand* ein-

---

[61] Heinrich Böll, „Irland und seine Kinder", in *Merian. Das Monatsheft der Städte und Landschaften* 29.5 (Mai 1976), S. 35-38 und 135, hier S. 38. – Der einzige frühere Abdruck des Skripts erfolgte im *Jahrbuch 1960-1961* (Köln: Westdeutscher Rundfunk 1961), S. 201-205; Indizien dafür, daß Arno Schmidt diese Publikation gekannt haben könnte, sind nicht ersichtlich.

bauen wird? Durchaus möglich; allerdings wendet Susanne Fischer ein, daß „laut Alice Schmidts Tagebuch am 19.9.1966 Michels zu Gast waren und man abends gemeinsam Dias sah; von dem Böll-Film ist dort (und auch sonst) nicht die Rede."[62] Mithin wäre die These dahingehend zu modifizieren, daß Schmidt den Film bei einer späteren nochmaligen Wiederholung gesehen hätte; ob es eine solche Wiederholung zwischen 1966 und 1974 in einem Schmidt zugänglichen Programm gegeben hat (vielleicht im Kontext der Nobelpreisvergabe an Böll 1972), ist mir leider nicht ermittelbar.

Nur der Vollständigkeit halber und ohne Relevanz für die Aneignung durch Schmidt sei darauf hingewiesen, daß neueren Forschungen zufolge das Gedicht „Mise Raifteirí an File" gar nicht von Raftery selbst stammt, sondern erst im späten 19. Jahrhundert in Amerika von einem gewissen Séan Ó Ceallaigh ge- und erdichtet wurde.[63]

In Arno Schmidts letztem Schreibprojekt *Julia, oder die Gemälde*, das Fragment blieb, weil Schmidt über der Niederschrift starb, findet sich als wohl doch passender Schlußpunkt zum Doppelthema Arno Schmidt & Irland eine recht abfällige Nebenbemerkung. Die ältliche und Schmidt ähnliche Hauptfigur, Leonhard Jhering, nennt als Beispiel für einen Roman, in dem jemand mit einem Holzbein vorkommt, „von QUENEAU, das ›Tagebuch der Sally Mara‹; wo auch der Mann, nach Streichhölzchen geschickt, ein paar Jahre lang nicht wieder heim kehrt", fügt dann jedoch einschränkend hinzu: „spielt aber in Irland; iss also mehr als Witz verarbeitet"[64]. Irland als Witz: hier scheint Schmidt (oder vielleicht doch nur seine Figur) zu pauschalisierenden Klischees über Irland zurückzukehren. Ernsthaft interessiert, müssen wir daraus schließen, hat ihn das Thema zu diesem Zeitpunkt schon lange nicht mehr.

---

62 Susanne Fischer (Arno Schmidt Stiftung, Bargfeld), Email an Friedhelm Rathjen, 2. Februar 2022. In dieser Mail auch der Hinweis auf Arno Schmidts Tagebucheintrag vom 8. März 1961 (dem Tag der ARD-Erstausstrahlung): „Frau Schlotter (ob wir mit fernsehen wollen? –: Nein.)"

63 Vgl. Thomas Ihde, Máire Ni Neachtain, Roslyn Blyn-LaDrew, John Gillen, *Colloquial Irish. The Complete Course for Beginners* (New York, London: Routledge 2008), S. 18.

64 Arno Schmidt, *Julia, oder die Gemälde. Scenen aus dem Novecento*, = Bargfelder Ausgabe, Bd. IV/4 (Zürich: Haffmans 1992), S. 76.

Bereits erschienen und noch lieferbar in der

EDITION ReJOYCE

Friedhelm Rathjen: *Shamrock Shores. Streifzüge durch Irland und die irische Literatur.* ISBN 3-00-052437-0, 260 Seiten, € 25,-.

Streifzüge an irischen Küsten und über irische Berge, Begegnungen mit irischen Helden des Wortes und der Tat, topographische Erkundungen auf den Spuren von Samuel Beckett, Colm Tóibín, James Joyce, Heinrich Böll, Dylan Thomas, John Lennon, Roddy Doyle, Eugene McCabe – unternommen von einem langjährigen Kenner Irlands, seiner Literatur und nicht zuletzt aller seiner Wetterlagen.

„[...] so löst Rathjen kleine Mißverständnisse auf, erzählt etwas von den großen Autoren, hat aber auch in seinem Gepäck ganz, ganz viele kleine, die wir nicht so kennen. [...] Es ist ein Buch, das in der Literatur umherwandert, in den Texten umherwandert, aber eben auch in dem Land, in seinen Mythen, mit seinen Helden [...], und so gräbt Friedhelm Rathjen etwas, er gräbt in Irland, er gräbt in der Geschichte, und er gräbt auch in der Literaturgeschichte und fördert ganz spannende Dinge zutage. [...] Dieses Buch ist wirklich extrem gut recherchiert und sehr, sehr unterhaltsam geschrieben. [...] Mit Irland zu tun hat im Grunde alles, wenn man nur genau genug hinguckt." – *Ulrich Sonnenschein, Hessischer Rundfunk*

Details im Internet: http://tinyurl.com/22fybo – Bestellungen und Anfragen an: rejoyce@gmx.de